LE SPORT PAR LES GESTES

sous la direction de FRANÇOIS BÉGAUDEAU et XAVIER DE LA PORTE

calmann-lévy

SOMMAIRE

INTRODUCTION

Vaste champ que le sport, plaine immense et peuplée mais, c'est notre hypothèse, réductible à une somme de gestes. Prendre le sport par les gestes, qu'ils soient dérisoires ou décisifs, c'est zoomer sur l'unité de base qu'il partage avec le quotidien et qui en fait de la vie continuée par d'autres moyens. Néanmoins, le sport prolonge de manière spécifique l'immense affaire d'avoir un corps. On ne court pas sur une piste comme derrière un bus. On ne lance pas un javelot comme un galet. Le geste sportif est appris, éprouvé, ajusté. Fruit de l'entraînement, il consiste à produire du naturel avec du construit, du spontané avec du réfléchi. Il érige le sport en morale incorporée. Le geste est difficile à circonscrire, zone intermédiaire entre le mouvement incontrôlé et sa canonique formalisation en « coup » ou en « figure ». La recension qui suit n'est donc pas seulement incomplète – forcément incomplète –, elle est aussi approximative et ne se gêne pas pour déborder de son cadre vers de plus parfaites réalisations gestuelles : chistera de rugby, saut de l'ange de Nadia Comaneci, retourné acrobatique, etc.
Outre que conforme à l'idée même de geste, cette impénitente désinvolture tient au profil des quatorze rédacteurs/trices de ce livre. Parmi eux, nul spécialiste, nul journaliste ou universitaire dévolu à la cause du sport. Des amateurs, aux deux sens presque contradictoires du terme. Des gens comme vous :

ayant davantage regardé que pratiqué le sport. Rien de plus démocratique que le geste : extérieur et concret, il se donne au regard de tous, permet que chacun le jauge, le commente, l'investisse subjectivement ; permet qu'on pleure avec lui ou s'esclaffe de la grotesque pantomime qu'il improvise parfois. Cette dimension doit beaucoup à l'avènement de la télévision. Autrefois offerte aux seuls yeux des privilégiés qui y assistaient, une compétition peut désormais faire don à la planète entière de sa farandole de gestes. Les rédacteurs/trices appartiennent à la génération qui, née au cours des années 70, a profité – abusé – de l'inflation des retransmissions sportives à partir de cette époque. L'écrasante majorité des moments de sport calés dans un coin de leur mémoire et exhumés pour l'occasion a été découverte en direct à la télé. C'est une des raisons pour lesquelles les années 80 et 90 sont les plus représentées dans les pages qui suivent. Surtout les premières, qui correspondent à nos années d'apprentissage au sein desquelles, certains textes en portent le témoignage, le sport a été une instance décisive. Années aussi où les cerveaux sont des pages encore blanches et qui impriment davantage. C'est peut-être triste mais jamais un match de football ne nous marquera autant que le France-Brésil de Guadalajara, jamais une étape du Tour autant que le martyre de Laurent Fignon en 1989.

Le livre porte la trace de cette chrono-hiérarchie des émotions, en ce qu'il fait la part belle aux deux décennies citées, donc, mais aussi aux deux sports qui alimentent le plus les imaginaires télévisuels, foot et tennis. Surtout, proposant des analyses cousues aux subjectivités des uns et des autres, ce travail collectif atteste que pour notre génération, et a fortiori pour toutes celles qui suivront, le sport fait partie du patrimoine intellectuel et affectif de chacun, au même titre que l'art ou la politique par exemple. Que le sport pense, se pense, donne à penser, voilà qui ne fait plus débat parmi ceux – nous autres – qu'on désigne parfois sous l'étrange nom de trentenaires.

Certains des rédacteurs ont publié des romans, d'autres en publieront, tous sont d'une manière ou d'une autre concernés par la chose littéraire. Or pour eux, la prise en charge de certaines entrées de ce livre n'a pas correspondu à une vacance de leurs diverses activités d'écriture. Restituer des gestes et le contexte particulier ou général dans lequel ils ont été exécutés ne déroge en rien au programme que chacun réalise ou analyse par ailleurs. Décrire, raconter, informer : trois opérations d'où s'infère une poétique modeste, laborieuse, rieuse, animée par la conviction que l'écriture gagne parfois à s'en tenir à la surface des choses.

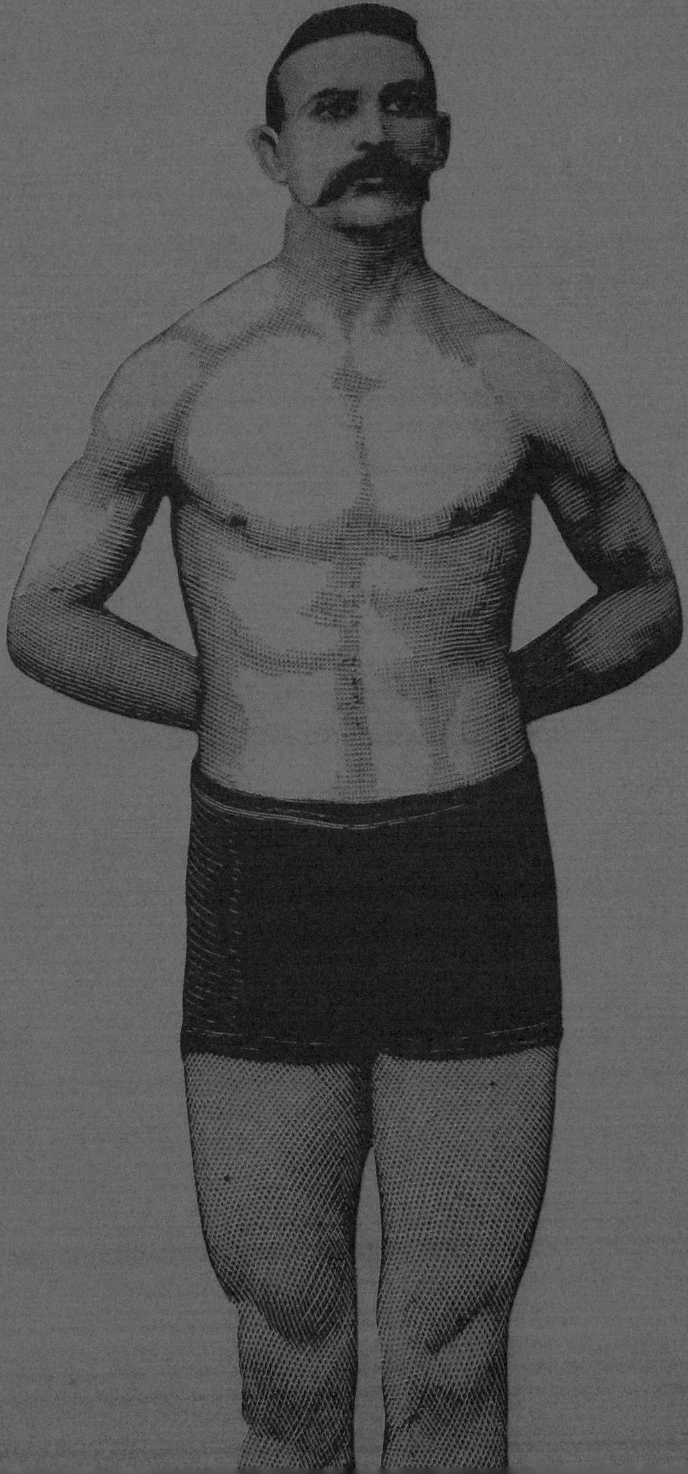

GÉNÉRIQUES

NOTRE ÉPOQUE D'ESTHÈTES
PEINE À SE L'IMAGINER MAIS
IL Y EUT UN ÂGE DE L'HUMANITÉ
SANS SPORT, SANS BALLON,
NI BARRES PARALLÈLES.
EN REVANCHE, D'EMBLÉE IL Y EUT
DES GESTES ET LA PLUPART D'ENTRE
EUX, ORIGINELLEMENT FAÇONNÉS
À SEULE FIN DE SURVIE, OFFRENT
AUJOURD'HUI UN SOCLE
COMPORTEMENTAL COMMUN
AUX SPORTS LES PLUS DIVERS.
PAR EUX SE TISSE UN FIL CONTINU
DE L'HOMME PRIMITIF, VÊTU
DE NULLE ÉTOFFE ET PAS MÊME
D'UN DOSSARD, AU SPORTIF,
SOUVENT HABILLÉ ET PARFOIS MÊME
D'UN SHORT.

SAUTER

Au sein de l'humanité présportive, deux objectifs géométriquement contradictoires motivaient le saut : cueillir une pomme qu'une taille bassement humaine rendait inaccessible ; éviter un projectile rasant – belette ultraspeed ou balle de revolver tirée par un hippocampe –, voué volontairement ou non à vous défoncer les tibias. Bizarrement, ce saut-esquive ne survit dans le sport que lorsque l'attaquant de football élève ses jambes hors de portée du ciseau agressif du tacleur, ou lorsqu'il passe au-dessus du gardien qui, le précédant, s'est couché jalousement sur la balle.

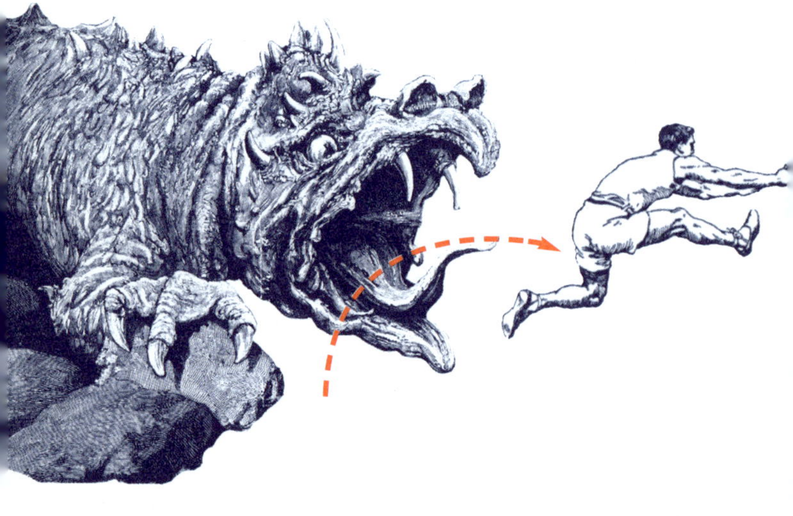

On compte en revanche nombre de survivances du saut-pomme, le fruit sujet à la pourriture précoce ayant été remplacé par le ballon de volley, de basket, de rugby (voir La touche de rugby), de foot (pour un coup de tête), par une balle de tennis (et alors l'homme encore trop nain se prolonge d'une raquette pour smasher ou servir), par des anneaux de gymnastique (et

alors le plus dur reste à faire), etc. Mais puisque passant de l'état de nature à l'espace social du sport, l'homme a saturé son existence d'activités gratuites, il arrive qu'on saute sans autre but que le saut lui-même, en s'aidant ou non d'une perche. À cette occasion, une barre est bien placée en travers du saut, mais il s'agit non de l'attraper (et que ferait-on d'une barre, je vous le demande), mais de la contourner par le haut.
Le superflu, qui dans le saut de cheval est pour ainsi dire sublimé en raffinement esthétique (voir Le saut de l'ange de Nadia Comaneci), atteint son paroxysme avec le saut en longueur. Si son cousin ennemi de la hauteur peut lointainement évoquer l'immémoriale aspiration de l'homme à se hisser jusqu'à l'Olympe, on ne voit vraiment pas vers quoi fait signe ce concours de barbotage dans le sable. Tout juste peut-on, à titre de déterminant originel, évoquer ces moments de la vie sauvage, où, coursé par un lion géant (voir Se mettre à courir), l'homme de Néanderthal enjambait dans son élan le bras d'une rivière, plantant sur la berge le fauve vert de rage. Qui du coup sautait sur la première gazelle venue, posant les bases d'un sport promis à une durable vogue : la drague.

CHUTER

Soumis comme tous à la gravité, le corps de sport appelle la chute. Sur l'échelle d'altitude, si l'on excepte les deux extrémités, les sports de combat (où la chute de l'adversaire est le but) et la chute libre (où elle est une fin en soi), la chute est une déconvenue à quoi exposent les postures, les déséquilibres, les vitesses induits par la pratique du sport.
La chute est liée à la mauvaise exécution d'un geste :

• dans son amplitude (shoot à côté de la balle, triple axel raté) ;
• dans sa vitesse (virage loupé en ski ou à vélo) ;
• dans sa préparation (refus du cheval devant l'obstacle) ;
• dans ses enchaînements (barres asymétriques, gymnastique en général) ;
• dans son timing (mauvaise réception du partenaire en patinage).

Elle advient du geste et en crée d'autres. Triple-flip défectueux, et le patineur étend ses bras en arrière pour minimiser le choc de son bassin sur la glace. Refus du cheval face à l'obstacle, et le cavalier s'agrippe à l'encolure de sa monture. Rupture de ligaments, et l'athlète se met au sol en rétractant son corps autour du membre touché.

Les sports de vitesse (ski, cyclisme) ne créent que des gestes involontaires et, par là, plus dramatiques et/ou drôles, car le corps est investi d'une énergie cinétique empêchant tout contrôle lors de sa dégringolade. Dans tous les cas s'exprime l'instinct de protection d'un corps en danger, que ces gestes excluent des codes de la discipline pratiquée. Il y a production de gestes déplacés, non référencés et échappant à la maîtrise. Défensifs, et non offensifs. La chute soustrait donc à la compétition, mais paradoxalement ce point redore le dossard de la victime auprès du public. Compassion : « Un an d'entraînement pour tomber le jour J, le pauvre. » Mauvaise foi : « S'il n'était pas tombé, il l'aurait mangé. » Fatalisme : « Les dieux du sport n'étaient pas avec lui. » Un geste déficient techniquement réintroduit, s'il va jusqu'à la chute, l'athlète coupable dans l'esprit du sport.

À la lisière de cet esprit demeure le « qui perd gagne ». En football par exemple, où la chute est parfois intentionnelle (par un auto croche-patte, pour les plus vils, et pour les esthètes par un positionnement par rapport à l'adversaire rendant la chute inévitable) pour obtenir un coup franc, un penalty ou un surnombre (expulsion de l'adversaire fautif sur carton rouge). La chute n'exclut donc pas l'athlète du champ du sport, elle produit juste un transfert d'un sous-ensemble (compétition) à un autre (spectacle). La preuve : tous les ans, à la fin de l'année, a lieu la retransmission du mondial de la chute – ça s'appelle « le bêtisier du sport ».

FRAPPER

Dans les sports de combat où son usage semblerait légitime, et presque redondant, on ne trouvera le verbe « frapper » qu'à la marge, comme si boxe, karaté, aïkido et compagnie s'étaient ligués pour bouter hors de la zone d'affrontement un mot ou une notion risquant de les ramener à la violence que leur parure technique ou philosophique s'évertue à euphémiser. Dans le noble art particulièrement, il n'est que rarement question de frapper. Plutôt de toucher, ou de coups, d'uppercuts, de crochets (voir Le crochet). Ça vous exonère de l'impulsion bestiale que le ring formalise, ça vous sort du ruisseau, vous consacre gentleman comme Jim.
Et donc c'est là où on l'attend le moins, dans ce sport de danseuse qu'est le football, que s'énonce le plus souvent le mot « frapper ». Pourtant, que le pied frappe le cuir ne suffit pas à produire ce signifiant. Faut-il encore que, ce faisant, le joueur vise le but et entende tromper l'individu nanti de gants qui le protège. Ce qui pose une autre question : dans l'esprit du commentateur sportif ou de son ersatz le spectateur, comment se prend la décision de désigner cette phase de jeu par « frapper » plutôt que « tirer » ? La puissance de l'impact ? Le degré de rage qu'on y met ? Si c'était

le cas, l'expression « frappe de bourrin » (voir La frappe de bourrin) serait jugée pléonastique et rayée du dictionnaire des sports autant que du présent livre. En attendant de trancher cette intranchable question, une chose est sûre : dans tous les sports, sur tous les types de terrain, d'aire de jeu, de surface, le champion n'est nommé tel que parce qu'il nous frappe de stupeur. Il arrive même que, reléguant à trois minutes ses rivaux lors d'un contre-la-montre du Tour ou battant en trois sets secs une tête de série dès le premier tour de Roland-Garros, ledit champion frappe un grand coup.

TIRER

On pourrait noter ici encore l'indémêlable proximité de « tirer » avec « frapper ». On préférera s'étonner de ce dont étonnamment on ne s'étonne plus : la possibilité pour l'humain de projeter un ballon dans un cercle métallique assorti d'un filet nommé « basket », mais surtout perché à trois mètres et éloigné du double ; ou d'envoyer, en le frappant du pied, un ballon à trente mètres de soi dans un petit espace virtuel appelé « lucarne » (que le cuir a du même coup « débarrassé des toiles d'araignée », dit la vox populi) Cela s'appelle un tir. Un tir n'est pas un lancer. Le lancer se fait exclusivement à la main, quand le tir peut être l'œuvre du pied, donc, ou d'un pistolet. Lancer admet la courbe, quand tirer suggère une trajectoire tendue, rectiligne. Entre les deux le basketball hésite, alternant tirs à trois points et lancer francs. Ce qui s'appelle un tir s'arme, se décoche, se place, et dans tous les cas s'impose comme le fleuron du génie humain – a-t-on jamais vu chimpanzé tirer quelque chose qui ne soit pas sa femelle ? Ce qui s'appelle un tir est admirable. En un centième de seconde, le cerveau analyse l'espace qui le sépare de la cible et parfois même le mouvement de celle-ci (dans le cas d'un goal anticipateur ou d'un lapin de garenne), puis transmet ces données au bras ou au pied qui instantanément configurent le geste le plus adéquat à la réussite de l'entreprise. Qu'on songe que le trou laissé par les défenseurs de hand puis, derrière eux, par le goal épais comme un chêne, est parfois fin comme le chas d'une aiguille ou le poil d'un chameau ; et pourtant la balle souvent y passe, comme a su le programmer l'omnipotent cerveau du pivot ou de l'ailier. Qu'on songe que le diamètre du cercle du panier évoqué ci-dessus est à peine supérieur à celui du ballon. Et quand bien même il heurterait le cercle plutôt qu'il ne le pénétrerait, ce serait encore digne d'étonnement.

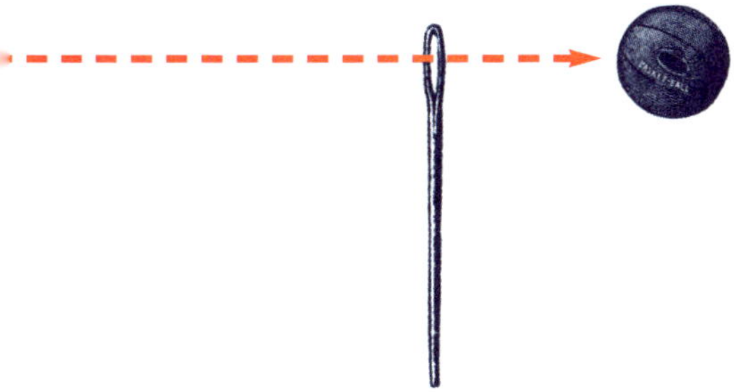

On disait Maradona capable, placé aux seize mètres à l'entraînement, d'atteindre la barre transversale neuf fois sur dix. Mais l'aurait-il atteint une seule fois, preuve suffisante aurait été faite que le cerveau des hommes en général, et d'El Pibe en particulier, est un divin organe. N'aurait-il que frôlé dix fois la barre, notre adoration pour la race humaine douée de cerveau se serait trouvée confortée aussi. L'existence du tir est un humanisme.

COURIR (SE METTRE À)

Le geste est court et courir dure, sinon cela ne s'appelle pas courir. Courir n'est donc pas un geste. C'est se mettre à courir qui l'est.
Comment vint-il à l'homme l'idée de se mettre à courir ? Nous n'y étions pas mais pouvons imaginer que se fit entendre, dans le dos de l'homme, le grognement hargneux d'une bête dotée d'un potentiel de vitesse supérieur à la marche humaine. Parce qu'il tenait à la vie, l'homme se mit à marcher plus vite, et plus vite encore, bientôt ses pieds touchèrent à peine terre et cela s'appela « courir », du latin *cursus* (faire des études pour habiter les villes à l'abri des bêtes sauvages). Le mammouth, car c'en était un, en fut fort marri, et n'eut plus qu'à disparaître de la planète, laissant l'homme construire des maisons et des stades pour y pratiquer le sport.
Dans certains sports, se mettre à courir est obligé. En athlétisme, bien sûr, où le coup du starter troue le ciel comme un impératif catégorique. Sprinters, demi-fondeurs et fondeurs peuvent toujours refuser d'obtempérer, ils n'iront pas bien loin dans leurs compétitions respectives.
Dans d'autres sports, courir est fortement indiqué. L'on est à peu près sûr qu'une course d'élan permet de sauter plus loin ou plus haut, et l'on a rarement vu un perchiste prendre son impulsion sans un petit galop préalable, ou alors la perche lui serait une sorte de corde raide à escalader jusqu'à la barre posée placidement à 5,95 m du sol.
Dans la plupart des sports collectifs, c'est encore une autre affaire. On ne cesse d'alterner les courses et les stations, les stations et la marche, la marche et le trot, et cela procède à chaque fois d'une décision, même si elle est fortement conditionnée par les circonstances du jeu. Se mettre à courir ou pas : c'est à chaque seconde ce que basketteurs, handballeurs, rugbymen

se demandent, plus ou moins consciemment. Un attaquant de foot peut très bien renoncer à se lancer à corps perdu vers le but pour faire des appels de balle (voir Appel de balle [faire un]), ou au contraire « multiplier les courses » afin de proposer des solutions aux passeurs du milieu de terrain. Et dans ce dernier cas, il devra encore penser à s'économiser, à ne pas s'esquinter la santé à des appels pour rien. Dans le football plus que nulle part ailleurs, se mettre à courir procède donc d'une décision libre, et c'est pourquoi y a tellement cours la notion de paresse, alors qu'il ne viendrait à personne l'idée de dire que Justin Gatlin a péché par paresse lors d'une finale du 100 mètres. « Fainéant » est une insulte presque idiomatique du foot. Elle n'a d'usage qu'ironique en cyclisme où l'on note que ceux qu'on appelle coureurs n'ont pas plus l'occasion de courir que leurs homonymes des sports automobiles.
Il est enfin des sports où courir est fortement déconseillé – comme le tir à l'arc ou l'aviron – voire tout simplement prohibé. Dans la marche, courir figure le seuil au-delà duquel le sport s'annule – les juges répartis le long des vingt ou cinquante kilomètres veillent à ce que les pieds du marcheur ne décollent pas simultanément, ainsi parle la règle. Faut-il alors s'imaginer le marcheur comme un martyr luttant sans cesse contre l'intime tentation de se mettre à courir, ou comme une créature mécanisée, dénaturée, ayant totalement assimilé la limite à lui imposer et ne songeant même plus à l'outrepasser, quand bien même un mammouth décongelé viendrait à le courser ?

LANCER

Les mammouths ont-ils disparu parce que l'homme se mit à courir ou parce qu'il se mit à lancer ? Les

deux, et c'était trop pour les premiers, devoir courser ces gadjos à deux pattes qui finissaient par s'arrêter à bout de souffle et vous lançaient une pierre en pleine gueule.
Le lancer était donc une alternative à la fuite. Soudain l'homme a cessé de flipper, il s'est arrêté, retourné, baissé, s'est penché pour ramasser une pierre puis, redressé, a levé le bras, visé son adversaire… et manqué sa cible. Dès le départ du projectile, le premier lanceur sut qu'il avait foiré. Car il avait accompagné la pierre des yeux. La distance entre son action et le résultat faisait de lui un homme à projet, un homme capable de regarder les objets voler, capable de les guider par les yeux vers la cible de son agressivité. Puis, quand l'homme convertit son agressivité en désir, il lança des disques, des javelots, et des fusées dans l'espace. Lancer est l'extension de la main dans l'espace, la continuation de la volonté par la gravité (balistique). Mes yeux suivent ma main accrochée virtuellement au projectile.

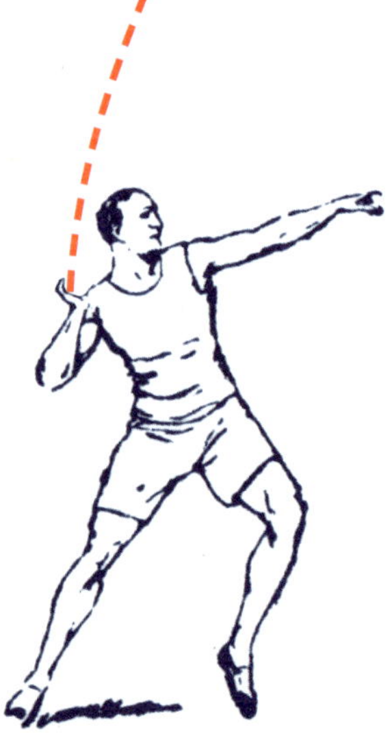

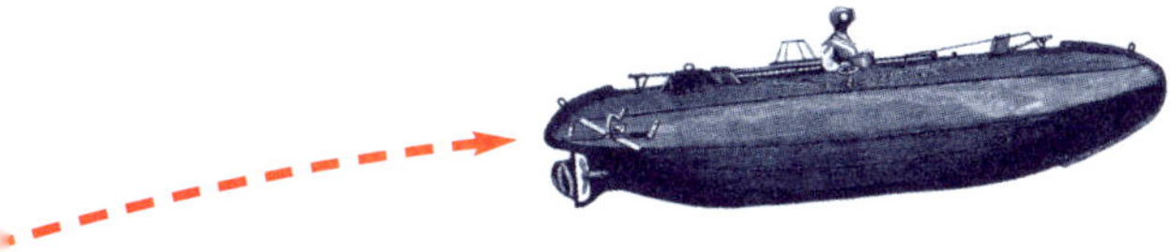

Lancer ne s'arrête qu'à la retombée. Les joueurs de curling qui, accroupis, gardent le bras tendu vers la pierre jusqu'à son arrêt définitif, le savent bien. Accompagner le geste fait partie du geste. Les yeux assurent la continuité entre la main, le projectile et la cible. Sans cet accompagnement, ou souci, ou inquiétude, le lancer ne serait qu'un jet. Dès lors, la fin du geste devient son apothéose. À la télévision, ce n'est pas le javelot qui m'intéresse – je le vois à peine –, c'est le blocage du corps et le visage du lanceur. Les meilleurs sont ceux dont les yeux vont jusqu'au bout. Pas ceux qui espèrent encore quand manifestement le lancer est manqué, ni ceux qui se détournent trop vite comme si leur volonté était trop courte, mais ceux qui ne se relâchent qu'après s'être rejoints eux-mêmes dans la réussite d'une intention. Cet art de contempler une continuité de soi hors de soi se retrouve chez tous les lanceurs. La concentration des visages dans la salle de contrôle de la Nasa lors du lancement d'une navette est la plus belle manifestation d'un collectif de lanceurs, d'une démocratie de lanceurs. Les regards des spectateurs vérifient le travail des milliers de mains ayant présidé à ce miracle qui nous émeut ensemble.

COURIR

Passant outre ce qu'il est sommairement démontré plus haut, admettons que courir soit un geste. L'évoquer revient alors à dissiper des malentendus. Tout d'abord, et en dépit de ce qu'il est encore plus sommairement suggéré plus haut, la course n'est pas

une marche en plus rapide. S'il est indéniable qu'elle permet en certaines circonstances d'accélérer (imaginons un instant la fréquence de pas qu'il faudrait à un marcheur pour réaliser 9'77"au 100 mètres), il suffit de suivre en jogging les concurrents d'un 50 kilomètres marche pour constater que le simple fait de courir ne suffit pas à les dépasser. La différence entre les deux modes de locomotion n'est donc pas de degré, mais de nature. Si le philosophe Gaston Bachelard avait eu la télé et regardé le sport dedans, il aurait classé la marche du côté de la terre et la course du côté de l'air. Du point de vue mécanique, la marche se distingue par ce que l'on appelle « le double appui » : au moment où s'opère le transfert de charge d'une jambe à l'autre, les deux pieds sont en contact avec le sol, par les orteils d'un côté (pied quittant le sol), par le talon de l'autre (pied abordant le sol). Ainsi le marcheur est-il toujours, au moins pour moitié, en contact avec la terre. Rien de tel dans la course. Le coureur ne touche le sol qu'avec l'un de ses pieds à la fois et pendant une fraction de seconde. Le reste du temps, il est aérien, dans un état de suspension qui fait dire qu'il «vole».
C'est ce rapport au sol qui expliquerait ce que ressent le coureur. Partant du constat que les endorphines (qui aident à supporter la douleur et provoquent la sensation de « planer ») sont plus nombreuses chez les marathoniens que chez tout autre sportif d'endurance et que la vibration du choc plantaire est quatre fois supérieure dans la course que dans la marche, certains chercheurs émettent l'hypothèse que ces impacts participeraient à la sécrétion d'endorphines par le cerveau. Le fait de courir produit donc une sensation propre.
Deuxième malentendu à dissiper, courir et faire du sport ne sont pas consubstantiels l'un à l'autre. Il existe bien des situations de vie où l'on court sans faire de

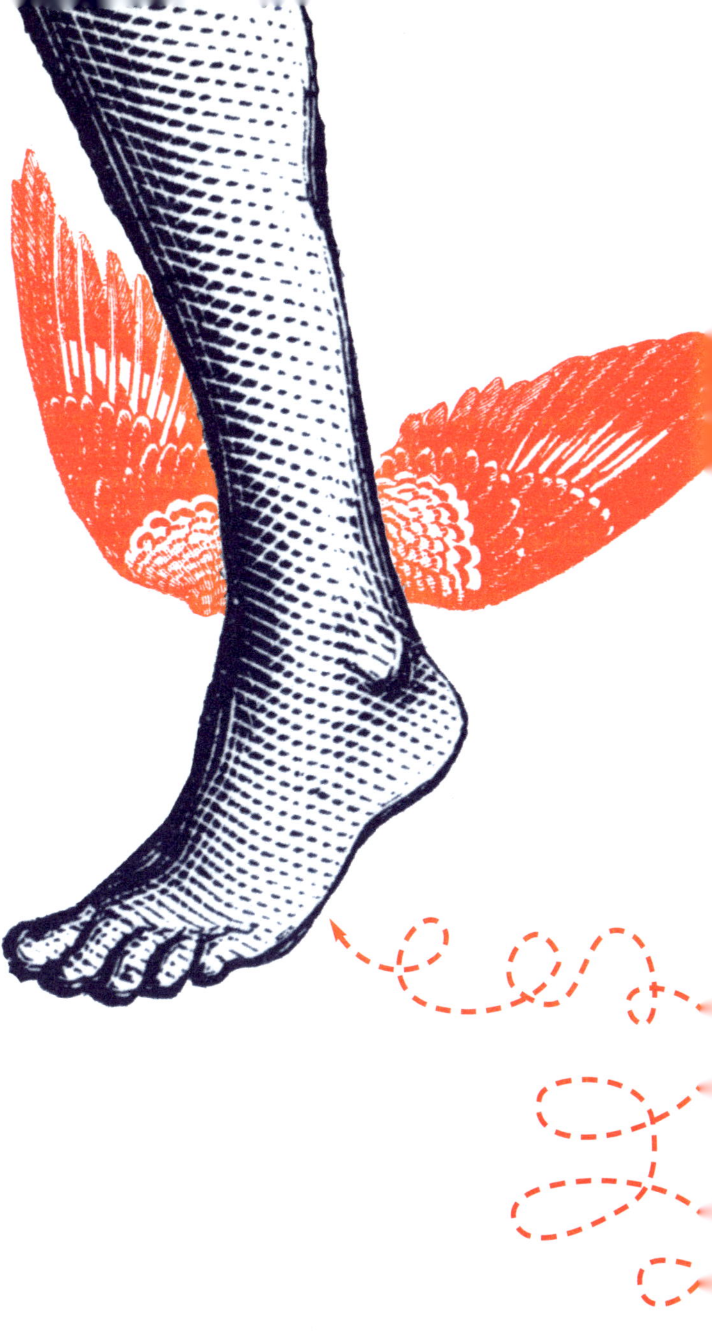

sport, et inversement un grand nombre de sports ne nécessitent pas de courir : les sports mécaniques (à l'exception du départ des Vingt-Quatre Heures du Mans moto), l'équitation, les sports de tir, les arts martiaux (sauf en cas de peur), les sports d'eau (natation…) ou de glisse (à l'exception parfois du patinage), les lancers en athlétisme, l'haltérophilie, les agrès en gymnastique (à l'exception du saut de cheval et de la poutre)… Bref, le sportif ne court pas toujours. Allons au-delà : même dans les sports dont la course est partie intégrante (sports collectifs, tennis…), trop courir est bien souvent un aveu de faiblesse.
Si consubstantialité il y a, elle réside étrangement dans l'entraînement. Le coureur de F1, le cycliste ou la nageuse courent pour se préparer. Les vertus de la course en matière d'endurance – voire de récupération – sont manifestes. Néanmoins on peut supposer que cette omniprésence est aussi une

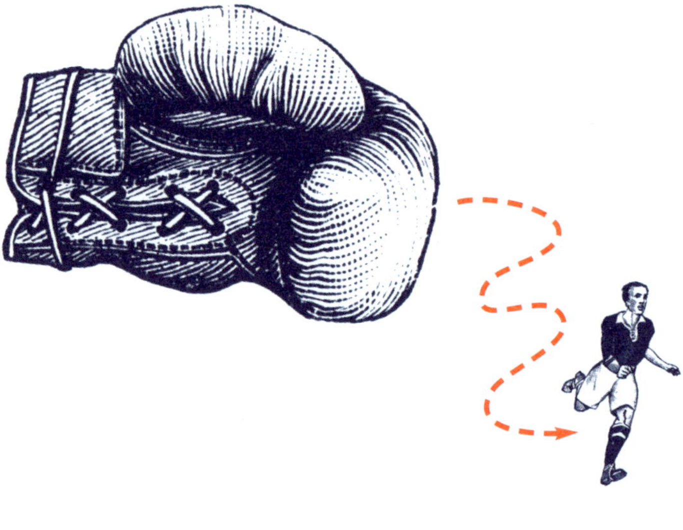

concession aux présupposés collectifs (que serait un sportif incapable de courir ?).
Troisième malentendu : courir est une pratique naturelle et à peu près uniforme. Certes, la course a précédé le sport. Mais en la détournant de ses deux finalités initiales (fuir et poursuivre), le sport lui a donné des formes diverses : la foulée du sprinter n'est pas la même que celle du fondeur, la prise d'élan d'une sauteuse en hauteur suédoise n'est pas le rush d'un pilier irlandais. Or ces gestes font tous l'objet d'un apprentissage spécifique qui consiste précisément à tordre le naturel, à produire du contre-intuitif (exemple : la multiplication des contacts au sol n'est pas forcément synonyme d'accélération).
Mais malgré cette extrême diversité, il semble que le sport produise une foulée propre qui est une sorte de foulée au carré. Les sportifs ont leur façon de courir comme les danseurs leur façon de marcher : appui sur l'avant du pied uniquement, horizontalité maintenue du centre de gravité, ils courent sans le talon, renonçant à l'ambition vulgaire de laisser une empreinte parfaite.

IMMOBILITÉ

Si le sport est mouvement et effort, il n'exclut pas l'immobilité. L'immobilité est partie prenante du geste sportif, elle n'est pas l'absence d'effort, contrairement à l'avis d'Aristote, qui la considère comme un état naturel, l'assimilant à la fin du mouvement imprimé à la chose par un « moteur ». Aristote n'a pas assez suivi les championnats du monde de vitesse sur piste, il oublie la tension des muscles du cycliste en plein surplace, suspendu, luttant contre la gravité pour rester immobile un instant de plus que son adversaire, le laisser placer le premier coup

de pédale en vue de prendre sa roue, profiter de ses efforts et le souffler au sprint.
Galilée intègre l'inertie à l'analyse du mouvement, qu'il identifie à l'effort. Dont l'immobilité devient l'absence. Galilée n'est pas assez allé en Bulgarie, il oublie la pesanteur et l'effort produit par l'haltérophile pour maintenir la fonte, immobile au-dessus de sa tête et à bout de bras.

L'immobilité n'est pas le préalable au geste. Le tennisman attendant le coup adverse pratique le pas chassé, entretient son attention et l'échauffement de ses muscles (voir Le sautillement au tennis). Avant la course, l'athlète sautille lui aussi, masse ses muscles, remue la tête, plie ses genoux. L'immobilité est donc bien un moment du mouvement.

Mais elle est aussi la marque de sa perfection. On pense au tir, au moment nécessaire, l'arc juste bandé, l'arme juste armée, pendant lequel le sportif doit imposer une tension à ses muscles, luttant contre le poids de l'arme, luttant contre l'inertie galiléenne de la corde tendue. La précision du tir est à proportion de l'immobilité du bras au moment de la mise en joue. On pense aussi à la gymnastique, à la lutte, au judo, pour lesquels l'immobilité est la marque de l'accomplissement du geste, tout en lui appartenant encore. Immobilité de soi : après les prouesses et les virevoltes, quand la gymnaste quitte l'agrès pour atterrir, sa sortie n'est effective que lorsque son corps adopte une parfaite immobilité sur le tapis – de l'instantanéité de cette immobilité, sitôt le sol touché, dépend l'excellence de la note. Immobilité de l'autre, que guettent les juges quand le lutteur plaque son adversaire, imposant à ses épaules de rester un instant collées au sol, seule preuve irréfutable de sa domination.

Comme toujours, le curling place la barre un cran au-dessus, en faisant de l'immobilité sa « cause finale » (Aristote toujours). Le lanceur imprime un mouvement glissant à la « pierre », en direction d'un point sur la cible de glace, la maison, sur lequel la glissade doit prendre fin. Les autres joueurs, ses partenaires, affinent la trajectoire et la vitesse imprimées, jouant avec l'inertie galiléenne, en chauffant la glace autour de la soucoupe qui peut-être s'arrêtera pile où il faut, et pourra se repaître un temps de sa triomphante immobilité (voir Le balayage au curling).

TRANSVERSAUX

AU SEIN DE L'ENSEMBLE COMPOSITE NOMMÉ « SPORT », CERTAINS MEMBRES SE SONT ENTENDUS TACITEMENT POUR PARTAGER DES GESTES. SUR LE MODÈLE DE CE QU'AU SEIN DE L'UNION EUROPÉENNE ON APPELLE « LES COOPÉRATIONS RENFORCÉES », DES SPORTS PARFOIS TRÈS DIFFÉRENTS SE REFILENT DES SIGNIFIANTS DÉSIGNANT DES PROTOCOLES GESTUELS PARFOIS SIMILAIRES, PARFOIS PAS. CE CHAPITRE PROPOSE UN REGISTRE NON EXHAUSTIF DE CES ALLIANCES OBSCURES, DE CES TRANSVERSALITÉS IMPROBABLES.

LE DRIBBLE

Si l'on part de ce qu'un commentateur célèbre aime appeler la langue de Shakespeare, tout se présente à peu près bien. *To dribble* désigne en foot, en basket, en hockey sur glace et gazon, l'action de faire avancer le ballon ou son équivalent en le tapant ou en le poussant à coups répétés du pied, de la main, de la crosse, etc. C'est dans ce que ce même commentateur appelle la langue de Molière que cela commence à sérieusement cafouiller. En effet, le dribble de foot-

ball ne consiste pas à faire avancer la balle (dans ce cas-là on parlera de « progresser balle au pied », ou de « conduite de balle »), mais à contourner un adversaire en un toucher appelé le plus souvent « crochet » (voir Le crochet). Ce qui nous éloigne donc de la définition anglaise, mais surtout de l'usage que fait du mot « dribble » le basket (et à un degré moindre, le hand), beaucoup plus fidèle au sens originel. Nous voici donc en présence d'un mot investi par deux sports majeurs (foot et basket) de façon complètement contradictoire. D'un côté un geste décisif et rare (de plus en plus rare, notons-le). De l'autre l'ordinaire de la balle au panier, sa plate-forme communément partagée, l'opération de base (faire rebondir devant soi) qui dans le jeu n'est plus qu'une contrainte, une patte blanche qu'on montre à l'arbitre pour obtenir l'autorisation d'avancer. D'un côté, on s'en remet au dribble comme à la Providence pour créer le surnombre et peut-être déstabiliser une défense pour marquer le but, de l'autre on s'en passerait volontiers – croyez bien que s'il était permis au basketteur de se ruer sans dribbler vers le panier adverse, avec juste le ballon coincé sous le bras comme un rugbyman, il ne se gênerait pas. Ainsi le dribble de basket est fait pour rappeler à la star d'où elle vient, et combien d'abord elle fut contente de faire mumuse avec la sphère rebondissante. Au foot, il est un élément de distinction ; il consacre des stars aussi sûrement que la puissance de leur frappe ou l'efficacité de leur jeu de tête.

Nous sommes désormais en mesure de mieux comprendre le trouble qui vient au jeune footeux de rue que son prof d'EPS, résolu à initier ses élèves au basket, vient d'enjoindre de dribbler. Il est à peu près égal à celui du jeune tennisman à qui le même prof d'EPS a interdit de rester plus de trois secondes dans la raquette.

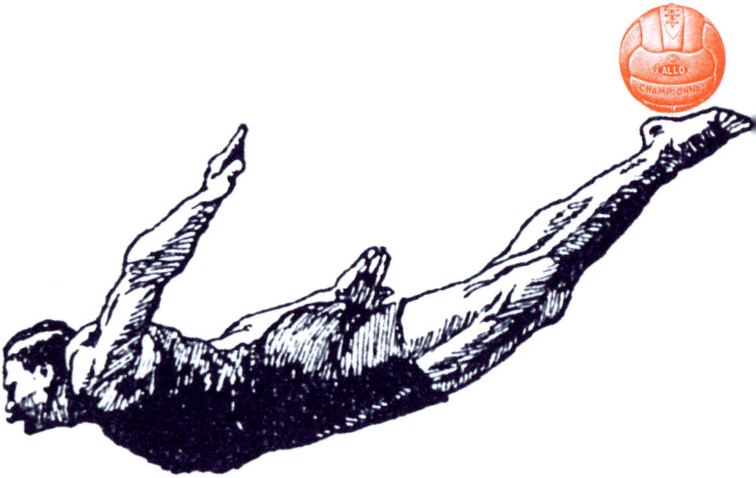

LE LANCER DE BALLE

« Une balle, ça se prend et ça se lance, putain ! » Mon beau-frère ne contient plus sa frustration. Être père, cet après-midi, c'est jouer à la balle avec le petit Romuald sur une pelouse de parc. Et comment jouer si Romuald ne veut pas la lâcher, sa balle ? Le gamin est interdit. Ce qui l'amuse, lui, c'est prendre la balle dans ses mains et courir avec jusqu'à ce qu'on vienne la chercher. Garder la balle, ça, c'est chouette, mais la lancer, pour quoi faire ?

Lancer la balle, c'est rendre possible l'échange, se séparer d'un objet que l'on maîtrise pour proposer à l'autre d'entrer dans une relation. Lancer la balle, c'est la mettre en jeu, sortir de la fusion sujet/objet pour entrer dans le monde et ses interactions sociales. La condition sine qua non du sport, l'enfance de l'art. Le sport a intégré et mis en scène la métaphysique

du lancer de balle. Lors du premier échange d'un match de tennis (ainsi qu'à chaque injection de balles neuves), la coutume veut que le serveur présente la balle à son adversaire avant de la lancer. Il tend le bras bien haut, balle en main, en direction du receveur ; une phrase gestuelle qui signifie : « Regarde l'objet qui est en ma possession et avec lequel nous allons jouer. Regarde-la immobile avant que je la mette en mouvement. Pas de duperie sur la marchandise. C'est bien une balle jaune. Es-tu prêt à la recevoir ? Es-tu prêt à jouer avec moi ? » Cette coutume est même une loi au tennis de table dont le règlement stipule que « depuis le début du service et jusqu'au moment où la raquette du joueur frappe la balle, il faut que la balle soit visible et qu'elle ne soit pas cachée par une partie du corps, un vêtement, ou le cas échéant, le coéquipier ». L'objet échangé doit être visible pour que le match soit loyal.
Vient ensuite le moment précis du lancer, ce moment où la balle quitte la main. L'échange n'a pas commencé mais la balle est déjà en jeu. Elle s'élève verticalement, n'est pas encore projetée vers l'adversaire. Suspendue en l'air un temps, elle ne monte déjà plus et ne tombe pas encore. C'est le moment décisif, celui où le tennisman arme sa frappe. Celui où l'adversaire se prépare à bondir, où ses yeux s'écarquillent un peu plus comme pour prédire l'endroit où la balle ira dans quelques instants.
Et ce n'est pas vain. Car la particularité du lancer de balle tient en ce qu'il porte les termes de l'échange. Avant même que la balle ne soit frappée, le receveur peut préjuger de la frappe. Au tennis, c'est assez simple. Un jet à peine à droite, juste devant soi : frappe à plat, en force. Jet plus à droite : slice, effet vicieux, peu rebondissant, trompeur. Balle lancée en arrière et sur la gauche : ce sera un lift bondissant, effectué pour empêcher un retour offensif. Au volley-ball, c'est

encore plus explicite : d'une balle lancée très haut et devant soi adviendra un service smashé.
Le lancer de balle, c'est l'échange de regard qui précède le bonjour du syndicaliste lorsqu'il est accueilli par M. le ministre pour négocier, le moment où les deux boxeurs se toisent avant le coup de gong annonçant le premier round. Un temps en suspension où s'écrit déjà le futur. L'exergue d'une histoire à venir.

LE CROCHET

Auparavant, le crochet se pratiquait à main nue. Il fallut attendre le huitième marquis de Queensberry, en fait le journaliste John Graham Chambers, c'est-à-dire 1865 et non 1891, pour qu'on fasse de la boxe, rituel barbare, un rituel civilisé, c'est-à-dire un sport. Dans tout sport est au travail l'intelligence physique, *id est :* donner une forme à une énergie, aussi brute soit-elle. *Id est :* assigner un domaine à la force, un champ d'expression hors duquel elle sera disqualifiée, n'existera plus, s'annulera elle-même. Dans la boxe également : le boxeur doit couler gestes et muscles – et toute l'agressivité, et l'orgueil à nu plus qu'ailleurs – dans un trou de souris, le chas d'une aiguille. Pour que son geste porte et ne soit pas une pure dépense. On sait cela pour le tir à l'arc, pour le tennis et pour le golf, mais spontanément on ne citera pas la boxe alors que le mot « crochet » devrait alerter.
Écoutez ce speaker : « Ils vont en découdre sur le ring. » Entendez cela et l'idée vous viendra que dans le geste barbare de massacrer l'individu d'en face de toi pouvait entrer quelque chose de la plus grande minutie, voire du plus grand raffinement, c'est-à-dire du plus grand contrôle de l'esprit sur le corps. Vous doutez de ce rapprochement ? Vous trouvez le jeu de mot heureux mais insignifiant ? Tendez l'oreille, je

retranscris maintenant le commentaire radio du match qui opposa Smarth à Cooley, le 10 février 1987 au POPB : « Eh bien ! Smarth n'a pas fait dans la dentelle. Son gauche est passé sous le coude droit de Cooley, qui lui a masqué le geste. Cooley a cru qu'il

pouvait déverrouiller sa garde et le gauche de Smarth a jailli, cas d'école, emportant avec lui tous ses muscles, et la mâchoire et tout le crâne de Cooley. Crochet, cas d'école je vous dis, patatras et pataquès. On avait parié que Smarth viendrait pour faire tapisserie, eh bien on en a été pour nos frais. Dans un premier temps, certains auront dit qu'il tricotait. Pas assez de coups portés, des décalages en veux-tu en voilà. Mais il attendait le moment, et pendant qu'on ne voyait rien il inventait une situation. Soudainement, en un coup un seul – son premier : ce crochet, cette puissance impossible à deviner chez un boxeur aussi fluet que lui. Le jeu de jambes si fines qu'on le dirait comme une fille montée sur des aiguilles. Ce crochet qui envoie Cooley dans les cordes. »

Dans les mots « crochet », « dentelle » ou « tricoter », il faut entendre que dans le geste élémentaire du chef de meute éliminant l'autre mâle à prétention dominante, il peut entrer quelque chose de l'activité de la femme qui est restée dans la grotte en attendant l'issue du combat, à recoudre les peaux de bêtes usées lors de la dernière chasse. Ou de la dame travaillant à une tapisserie tandis que son chevalier servant inspecte les remparts de Jérusalem pour trouver par où niquer l'Infidèle. Voilà ce que mettent à jour boxeurs, rugbymen et footballeurs adeptes du crochet : que l'activité du mâle dominant et celle de la maîtresse de maison ne sont pas si étrangères l'une à l'autre si le boxeur en pousse la logique jusqu'à un point de perfection, où la force est sublimée, où elle s'annule. Au sens où le geste du boxeur sera parfait non pas en fonction du résultat (le K-O) que pour lui-même, pour l'accord qu'il permettra d'actualiser entre la dépense limitée d'une énergie et son efficacité nécessaire. Dans la boxe, le rugby, le football, entre alors quelque chose de la danse. Sortent les bourrins et les rhinos prompts à foncer dans le tas. Entrent les ballerines, les chorégraphes, les malins.

APPEL DE BALLE (FAIRE UN)

Des deux principaux modes d'appel de balle – crier et faire signe à l'équipier porteur du ballon –, seul le second est véritablement un geste. Qui consiste en général à lever la main pour se signaler à son partenaire. Dans son exécution, il est très proche – pour ne pas dire dans le prolongement – de celui de l'élève qui « demande la parole » (selon l'idée communément admise que c'est balle en main – ou au pied – que le joueur « s'exprime »). Ce geste presque enfantin ne nécessite aucun apprentissage particulier : on peut affirmer sans crainte qu'aucun sportif ne s'est jamais entraîné à l'appel de balle.
Ce qui nécessite un apprentissage – et donne tout son sens à l'appel de balle –, c'est la situation dans

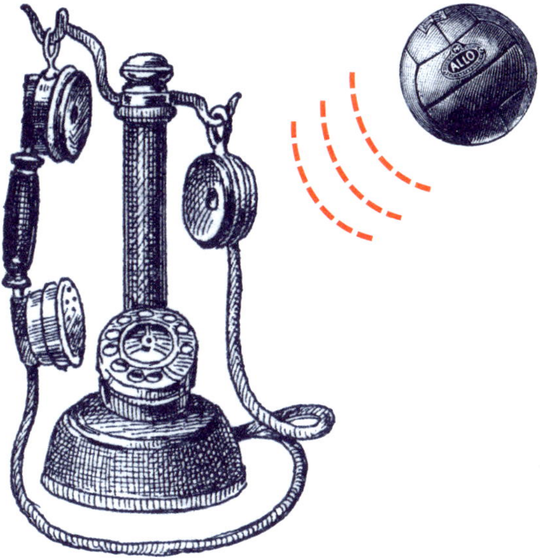

laquelle un joueur y a recours. Faire un appel, c'est signifier qu'on désire participer au jeu (et même qu'on est à ce moment-là une solution avantageuse pour l'équipe) tout en avouant par ce geste qu'on n'est pas la solution la plus simple (les joueurs offrant des solutions simples n'ont pas à surmanifester cet état de fait). Quand il n'est pas dû à la fatigue ou la paresse, il est la conséquence d'une volonté paradoxale et éminemment stratégique : s'éloigner pour être plus utile.

Dans un texte où il définit la position qu'il estime devoir être celle du philosophe, Jacques Derrida, qui dans sa jeunesse a d'abord pensé devenir footballeur professionnel, explique qu'elle doit être semblable à celle du joueur qui se « démarque ». Si le démarquage a des vertus évidentes (créer un espace, offrir une solution supplémentaire), force est d'en souligner les risques, communs au joueur et au philosophe. Car le démarquage n'a de sens – et d'efficacité – que s'il est remarqué. L'appel de balle est ce moment crucial où le démarqué s'en remet à la sagacité de l'autre pour convertir en action ce qui n'est encore qu'une position. Or, combien de démarquages incompris ont l'air de perditions, combien d'appels ne reçoivent pour réponse qu'un coup d'œil distrait.

LE BRAS VICTORIEUX

Il arrive que l'expression de la victoire ruine l'intelligence des gestes qui l'a permise – sorte d'acide lactique qui, une fois les dernières réserves brûlées, contractera les muscles jusqu'à la paralysie. Le contrôle de la joie est ce qui distingue les flambeurs, les sportifs et les champions d'exception. Trois exemples, trois cas de figure :

1. Ben Johnson, Séoul 1988 : joie qui naît de la certi-

tude que la compétition est pliée. Cette joie dérègle son cerveau et tout le corps, elle exige du sportif – parfaitement inopportune, totalement intempestive – un geste qui la manifestera, si possible télévisuel. Ben Johnson finit le 100 mètres en tête. Il a un char à bœufs d'avance sur Carl Lewis qui en chiale déjà. Il est sûr de lui, Ben, il se paye le luxe de regarder où en sont les autres. Et dans le même temps, si sûr de lui, il lève le bras droit, index pointé vers le ciel de Corée. À ce moment-là, pourtant, il n'a pas encore franchi la ligne. Étant donné le risque encouru, ce geste est tout simplement fou, et par là

démasque le tricheur ; si Ben Johnson est à ce moment tout entier à l'excitation incontrôlable, c'est qu'il n'a pas beaucoup travaillé pour en arriver là. S'il avait gagné sans produits dopants, il n'aurait pas fait ce geste de pure dépense dans le cadre d'une compétition sportive qui, comme toute compétition sportive, procède d'une complexe économie du geste. Le sport se méfie de la flambe. Ben Johnson est un tragédien ET un flambeur. Les flambeurs sont sympathiques mais ils n'inquiètent pas les champions. Vrai feu de paille, et la caravane passe.
2. La caravane du Tour, par exemple. Parce qu'on n'a jamais vu Miguel Indurain lever un bras, un doigt ou une paupière. À cela, une raison : il n'a jamais gagné une étape en ligne d'un Tour dont il a été vainqueur. Que des contre-la-montre. Or, au moment où vous franchissez la ligne d'arrivée d'un contre-la-montre, soit vous ne savez pas vraiment si vous avez gagné l'étape, soit vous le savez depuis longtemps, et la joie n'a plus cette fulgurance qui pousse au geste fou. Mais, je le révèle, si Indurain fit toujours la tronche, c'est parce que la jalousie le rongeait. Le quintuple vainqueur du Tour de France a longtemps nourri une jalousie terrible à l'égard d'un seulement double vainqueur, Laurent Fignon.
3. Car les machines à gagner envient parfois le panache des humains. Dans la dix-septième étape de l'édition 1989 du Tour, Fignon prend le maillot jaune à Greg LeMond. Que fait-il le lendemain ? Il attaque et conforte son avance. Un maillot jaune qui attaque alors qu'il n'est pas attaqué, cela se voit tous les quarts de siècle. Fignon est maillot jaune, il attaque alors qu'il n'est pas attaqué et lâche ses concurrents. On est le 20 juillet, et le blond binoclard prend des minutes supplémentaires à son dauphin Greg LeMond. Avez-vous déjà vu un maillot jaune gagner en solitaire, à trois étapes de l'arrivée

sur les Champs-Élysées ? Il lève le bras, magnifique dans la lumière de Villard-de-Lans. Ensuite, Fignon perdra le Tour sur lesdits Champs, pour huit secondes, et contre un vélo futuriste. Sans que cette défaite annule jamais la jalousie du Basque de l'équipe Banesto. On dira que ce Tour-là fut splendide pour la tragédie de ces huit secondes perdues dans la dernière étape, alors qu'il le fut, évidemment pour ce bras levé dans le ciel du Vercors, où le binoclard blond se carbonisa, laissant la victoire finale aux coureurs en embuscade – c'est un genre – parce que oui, lever le bras, dans certains cas, bouffe autant d'énergie qu'un trou noir, et alors le sportif a choisi la joie aux dépens de la victoire.

CRAVACHER

Il y a autant de différences entre la cravache et l'acte de cravacher qu'entre un cavalier et un jockey.
Le cavalier possède une cravache, une veste cintrée en velours digne d'un chef d'orchestre. Un habit de soirée très éloigné de l'habituel accoutrement du sportif, alliant confort et technologie. L'outil du cavalier aussi est différent. Ni raquette, ni batte, ni club qui frappe la balle et soit le prolongement de la main. Le cavalier n'use pas de sa cravache, il la dispose le long de son avant-bras. La cravache est l'outil dont la possession dispense de l'usage. Moins l'outil que le symbole de la domination de l'homme sur l'animal, sa métaphore. Par elle, le cavalier rappelle que cet équipage sportif est fondé sur une hiérarchie naturelle. La cravache est aussi métonymie. La douleur dont elle peut être la cause est entièrement induite par sa présence inactive, ce que perçoit très bien le cheval. Le simple fait de la voir le réduit à l'obéissance, comme le bruit du fouet du cocher

oblige l'attelage à partir, parce que le claquement est lié dans l'esprit des chevaux à la douleur que le contact provoquerait. Mais justement : au contact le cocher se refuse, comme le cavalier performant. De même, dans la discipline du dressage, la cravache soustrait l'homme au contact direct avec l'animal, elle ne fait que désigner le membre que le cheval doit bouger et se substitue à l'ordre.
L'usage de l'outil étant d'abord refréné, la langue n'avait originellement pas besoin de désigner l'action, c'est sans doute pourquoi le verbe cravacher apparaît plus

tardivement que le substantif, au moment où s'ouvre la possibilité pour l'homme de corrompre l'esprit de l'objet, de dissoudre sa dignité. Désormais, le cavalier cravache le cheval, l'obligeant à accélérer la cadence non par le droit mais par la force. Devenu violent, le cavalier devient jockey, son corps se ramasse, il s'amenuise, s'excite, ses vêtements se bariolent, il frappe sans discontinuer son cheval, parce que l'enjeu n'est plus la démonstration de dressage et d'élégance, la qualité ou la maîtrise, mais la quantité et la vitesse.

Il y a aussi loin de la cravache à cravacher que du concours hippique au tiercé. Le jockey cravache, et cravacher devient synonyme de mettre un coup. Un coup de collier forcément, emblème de la perte de liberté ; qu'importent ensuite les os et les gratifications, comme le signifiait le loup au chien dans la fable. Le cycliste peut donc cravacher sur sa machine, l'athlète mouiller son maillot synthétique et coloré, il n'y a plus de symbole dans le sens figuré de cravacher, il ne reste que l'effort et la sueur.

L'AMORTIE, NOM MASCULIN

L'amortie engage la douceur dans l'affrontement sportif, c'est en cela qu'elle est belle, et pas seulement parce qu'elle peut s'effectuer « de la poitrine ». Belle pour peu qu'elle touche le point – rien de plus laid qu'une amortie qui rate –, et pour peu qu'elle ne soit pas que douce, justement. Certes : baisse d'intensité, diminution de la violence, refroidissement des ardeurs, atténuation des impacts, doux bijou dans un monde de brutes. Mais aussi : conquérante, intelligente, placée, dosée, et jouée avec cette pointe de vice souriant qui en fait non pas le coup tordu de celui qui se défausse et dévitalise le combat, mais

un coup de grand style : le bon geste au bon moment, la beauté même.
L'amortie trouve au tennis son champ d'application le plus large et son potentiel tactique le plus élevé. Croisée, décroisée, rétro, ou combinée en séries retour-amortie, ou amortie-lob-amortie, elle est requise pour faire monter l'adversaire au filet ou pour conclure l'échange, et de la sorte toujours dégainée comme coup offensif – bien qu'elle soit paradoxalement un non-coup, voire un anticoup, son étymologie *mors, mortis,* « mort », précédé du préfixe latin *ad,* « vers, à », l'induit : il s'agit là de mourir un peu, ou plutôt de rendre mort le coup adverse plutôt que d'en surclasser la force. Aussi se doit-elle d'être rare et soudaine : rare, car en abuser revient à pêcher par excès de confiance et, pratiquant la prise de risque outrancière, à insulter ce qui fait la grandeur d'un champion, à savoir son instinct de conservation ; soudaine, car sa valeur repose sur la feinte et l'effet de surprise.
L'amortie doit en effet « couper court » à la situation – casser son rythme, casser sa force, casser sa routine – et prendre l'adversaire au dépourvu, qui armait déjà un énième coup droit lifté impliquant tout son corps quand la balle opère près du filet un rebond bas et silencieux.
Techniquement, l'amortie demande peu. Elle est revers coupé de moindre puissance, elle est coup droit coupé exécuté à vitesse réduite, ou coup droit a minima, joué du bras seul, tamis placé à l'horizontale juste avant l'impact. Si bien qu'elle n'exige qu'un physique de crevette, la question étant d'absorber l'énergie cinétique de la balle adverse jusqu'à rendre nulle sa quantité de mouvement. En revanche, placer une amortie est autrement difficile (pas trop long, pas trop court) et nécessite une juste appréciation de la situation pour choisir le bon moment.

L'amortie fine et maligne est solution quand la surdité gagne les joueurs qui frappent en ahanant derrière la ligne de fond de court, quand la fatigue ronge et qu'il faut faire une pause, quand l'ennui dure et qu'il faut en finir, quand la surenchère des puissances conduit droit dans le mur et qu'il faut déjouer la bêtise.
Reste la question du toucher qui réinjecte dans ce geste sa part subtile : art du contact, sens de la mesure, dosage des proportions, science du frottement, ce toucher est aussi maîtrise classieuse des affects contre l'impulsivité du sang, légèreté souveraine, efficace de la caresse.

LA CHISTERA, NOM FÉMININ

La chistera est un geste hypomnésique : qui porte en lui, tant par son nom que par sa réalisation, une mémoire à la fois technique, géographique et sportive. Avant de devenir caractéristique de deux sports, le txistéra fut un panier d'osier destiné à l'innocente et agricole cueillette du raisin. En 1857, un inventif joueur de pelote basque, Jean Dithurbide, eut la bricoleuse idée d'adapter la technique de tressage utilisée pour confectionner ce panier aux besoins de son jeu favori, et de remplacer les lourds et gourds gants de cuir traditionnels par un ustensile adapté, prothèse enfilée dans le prolongement de la main et pourvue d'une coque creuse où la pelote pouvait être à la fois reçue et relancée. Les adeptes de cet objet se multiplièrent rapidement : dès 1862, au fronton d'Espelette, entre piments et châtaigniers, eut lieu la première partie autonome de chistera, désormais considérée comme l'une des disciplines séditieuses de la pelote basque. (Nous tenons, en outre, de l'artiste suisse Fabrice Gygi, qui a produit dans le cadre

de son travail artistique de superbes chisteras, un récit selon lequel l'instrument de jet ainsi créé servit également d'arme aux Basques, leur permettant d'expédier des projectiles à de plus grandes distances qu'à main nue.)
En même temps que l'objet et que le sport qui en autorisait la pratique, s'inventa la manipulation du chistera. Le jeu voulant que la pelote soit renvoyée dès sa réception, et interdisant son immobilisation au creux du gant, le joueur, tout de blanc et rouge vêtu, se doit de l'attraper, de pivoter sur lui-même dans le même élan afin de contrôler la puissance du jet et de la réexpédier en direction du fronton sans marquer de temps d'arrêt, le tout grâce un mouvement d'enroulement du bras. La gestuelle ainsi composée est fluide, ample et élégante.
Par analogie, et considération de gentlemen pour cette élégance singulière, on appelle au rugby « chistera » un type de passe qui consiste, en imitant la technique de réception/lancer en pivot de la pelote, à utiliser l'impulsion donnée par le balancier des bras attrapant le ballon pour effectuer une passe rapide, enroulée et renversée, le dos tourné au partenaire visé (et si possible, pour les esthètes du genre, en aveugle). La dénomination de ce mouvement spectaculaire doit bien entendu, en bonne part, à la forte implantation du rugby au Pays basque et à l'influence de celui-ci sur l'imaginaire et le langage rugbystiques hexagonaux. La question reste ouverte cependant de savoir si les rugbymen ont inventé ce geste en s'inspirant de l'attitude des joueurs de chistera, ou si un geste spécifique du rugby a été ainsi baptisé par métonymie – par un effet de contamination due à une contiguïté géographique. Notons en tout cas que, du fait qu'il désigne une passe, ce geste qualifié est devenu de genre féminin : on parle donc au rugby de *la* chistera.

LE LOB

La balle adopte une trajectoire arrondie, qu'on dit « en cloche », et passe au-dessus de l'adversaire : le geste, et le terme qui le désigne, existe dans plusieurs sports, principalement dans le tennis et le football. Une courbe céleste – poésie balistique – qui tient en haleine, pur suspense, dans tous les sens du terme. Au football, le lob est légende, même s'il est raté (mais alors son auteur est Pelé) : ce qui reste d'un match, d'une carrière, d'une vie ; en boucle dans les mémoires. On raconte que Lars Ricken, parfois, oublie ses déboires, son corps endolori, son déclin tôt venu. Il est en mai 1997, il entre en jeu à la 71e minute, il marque sur son premier ballon,

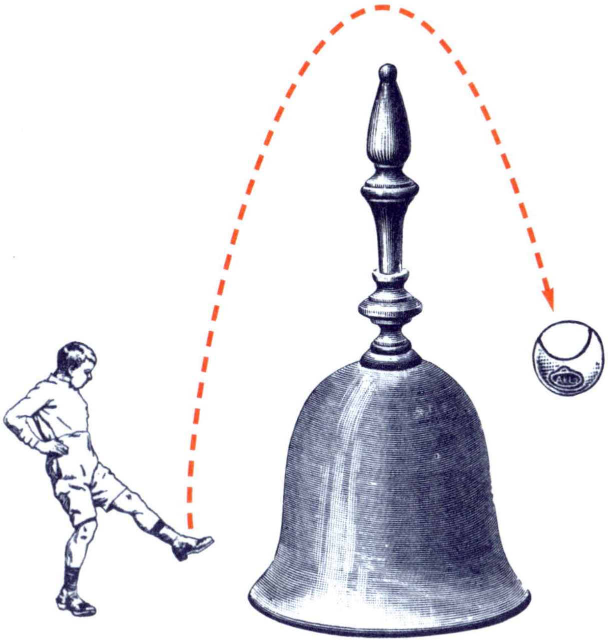

16 secondes et c'est le but, Dortmund 3 – Juventus 1, Dortmund champion d'Europe, le goal accablé par l'insolence de Lars, par l'insouciance de ses vingt et un ans, par son lob impitoyable, définitif. Lars en sourit encore, dit-on.

Au troquet du coin, devant un petit blanc, les potes de Francis Lacer le chambrent en s'esclaffant : « Eh Cisco, PSG-Caen en 93, avec tes pieds carrés, t'en auras mis un comme ça – un seul, OK... Une top model une fois dans sa vie, ben c'est déjà bien... Le p'tit Llacer, la mascotte du PSG... tu t'souviens ? Trente mètres, reprise de volée, le gardien lobé, le truc pas croyable, eh, Cisco, tu nous r'mets une tournée ? » Francis, bon gars, paie son coup, et détourne les yeux – certains prétendent qu'alors ils sont humides.

Lars, Francis. Le voulaient-ils ? Le soupçon pèse : coup de bol du débutant, coup de vent sur un centre-tir désaxé. Le lob, un accident ? Oui, souvent.

Quand même, certains lobent sciemment : leur col est relevé, leurs chaussettes baissées, leur maillot sec, ils puent l'arrogance. On les admire, on ne les aime pas. Car le lob humilie. Dans ce monde d'orgueil viril, se faire lober est un outrage. Justement : le vrai héros (malheureux) du lob – comme de tout accident – est sa victime. Sur lui les yeux fixés. Lui, son impuissance, sur les écrans, inlassablement. Que faire ? Jouer l'indifférent, garder la tête basse, se la prendre dans les mains, théâtraliser sa peine ? *Ask David.* David Seaman dort mal, murmure-t-on. Il s'éveille en tremblant, en pleurs. Des voix démoniaques hantent ses nuits, scandent des noms barbares, « Mo-ha-med-Na-yiiiim », « Rrro-nal-di-nhooo ». Il se tord dans son lit, sue, bredouille : « Trop avancé... quarante mètres... pas deux fois... *Not again !... It can't be !...* Non... 1995, 2002... Arsenal-Saragosse, Angleterre-Brésil... Trop avancé, trop avancé... Le

ballon… *No!* » Il a vu des psys, en vain. David Seaman, grand gardien deux fois lobé, ne va pas mieux : l'insomnie, les vertiges, et la honte, toujours.
Sadisme du lob. Coup méchant, félon. Écoutez : le mot dit le vrai. Ce laid monosyllabe, inadéquat à la beauté d'une trajectoire satellitaire, tellement terrien ; bruyant renvoi mal étouffé après un copieux repas, issu d'une panse que dessine l'enflure de la ligne, celle de l'obèse. Quelque chose de grossier, signe de l'obscénité, pain béni pour contrepèteries vaseuses beuglées lors d'improbables doubles-mixte, les dimanches d'été – « attention au lob du zoulou ! » Le tennis, sport de gentlemen, goûte peu le lob. Il aime les trajectoires rectilignes, filles de Maîtrise et Puissance. Au football, la difficulté s'accroît quand le ballon s'élève : reprise de volée, centre, etc. Au tennis, la suspension est norme, il s'agit de dompter la balle, l'obliger à la ligne droite. La courbe fait bâiller. On admire un lob, mais pas comme un ace ou un smash, coups de sang, de feu, de force. Le lob est impuissance, arme du faible : quel courage, quel lutteur… Mais le lobeur reste le méchant du film, le faire-valoir, c'est le héros qui doit vaincre.
Dans l'univers très hiérarchisé du tennis, le lob est l'outil du prolétaire : le joueur de terre battue. L'ancienne aristocratie des serveurs-volleyeurs, poliment applaudis par l'establishment, est herbivore ; les nouveaux maîtres du jeu, « attaquants de fond de court » qui font hurler les fans, ont grandi sur ciment. Les terriens sont mal-aimés, mis au ban, « forçats » besogneux et inesthétiques. Ils lobent : ils ont le temps, les patauds, sur cette surface lente qui nivelle les valeurs – « Quand donc un grand attaquant gagnera-t-il Roland-Garros ? » Mais l'histoire des gestes est aussi celle des artistes qui les ont fait leur. Le lob a son génie tutélaire. À son image : doux, sans violence, suédois. Étranger aux shows des McEnroe,

Becker ou Agassi, à la force brute d'un Courier ou d'un Nadal, et même à la tyrannie robotique d'un Borg, il a les traits sereins de Mats Wilander. En 1982, Mats conquiert Roland Garros à 17 ans et à coups de lobs liftés – car c'est au prix du lift que le lob devient grand.

Aux sources du lob, il n'y a pas la seule technique, mais la perception juste de l'espace, le sens de l'instant, l'intelligence transmuée en cet instinct supérieur qui produit les chefs-d'œuvre. Et puis Mats était le fair-play incarné dans un visage d'ange : comment le haïr ? comment en vouloir à ses lobs ?

Juin 1988. Un jeune effronté chéri des ados – son nom est Agassi, paraît-il – cogne : la balle fuse, hurle, grêle le court central de cratères rouge pâle. Mats l'apprivoise, l'hypnotise, la rend à la douceur, elle flotte, comme en apesanteur. Le jeune gandin lâche un coup croit-il fatal, il se rue au filet pour pousser l'avantage, Mats est débordé, du moins en a-t-il l'air, il va tenter un passing-shot, trop prévisible, l'autre s'y prépare, le point est déjà sien… Soudain la balle s'élève. C'est le lob. Personne ne l'a vu venir ; la balle, téléguidée – science du lift –, retombe aussi vite qu'elle est montée, hors de portée du jeune freluquet qui n'en peut mais. Le stade s'enflamme, Mats se replace sans mot dire, tranquillement.

LE VOL PLANÉ

Le vol plané est une technique fondamentale dans certains sports de compétition – particulièrement le vol libre, le vol à voile, le saut à ski –, un mouvement perpétuel dans d'autres. En aviation, le vol plané n'est que la limite basse du vol, l'absence même de figure – une technique de survie pour poser un avion en panne. C'est en vol à voile qu'il devient un geste sportif. Il consiste dans tous les cas à faire voler un aéronef en descente, à la recherche d'un point d'équilibre défini par les caractéristiques physiques de la machine, dont la capacité au vol plané est définie par le rapport entre la distance au sol qu'elle peut ainsi parcourir et la hauteur où elle se trouve : un planeur de compétition pourra présenter un coefficient de 60, c'est-à-dire la capacité à parcourir encore 60 fois la hauteur à laquelle il se trouve au début de son vol plané. Mais la justesse du vol ne dépend pas

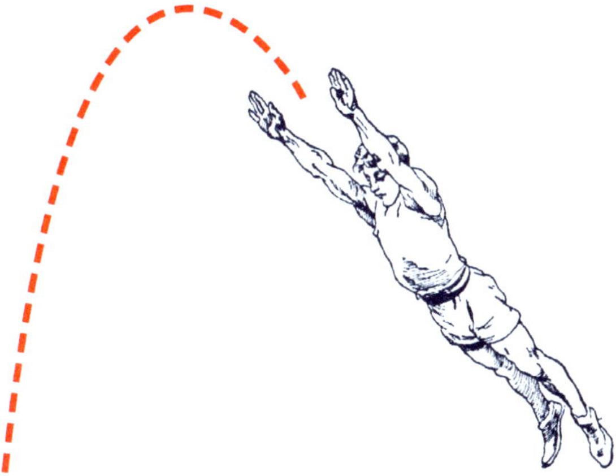

que de la structure de la machine et de la géométrie de sa voilure : elle dépend en outre de la capacité du pilote à maintenir une vitesse idéale, dite de « finesse », celle qui correspond au maximum de portance et au minimum de traînée – la meilleure assise possible sur l'air et le minimum de freinage. La grâce du vol plané tient à l'entre-deux qui le spécifie : il n'est déjà plus que descente, mais il n'est pas encore une chute. Le parachute entra dans la dimension du

plané lorsqu'il en vint à n'être plus animé que d'un mouvement vertical, commençant à se mouvoir vers l'avant et sur les côtés. On plane encore dans la plupart des autres sports qui composent le vol libre (caractérisé par le départ et l'arrivée à pied) : parapente, deltaplane, ailes rigides.
Le vol plané est un geste total, par lequel l'homme fait corps avec l'instrument, quelle qu'en soit la taille. Le geste du pilote d'avion, son coup de main sur le manche, traduit sa connaissance intime des caractéristiques de vol de la machine et de celles du milieu extérieur, des conditions aérologiques et atmosphériques, notamment la température de l'air – faisant corps avec sa machine, il place celle-ci en harmonie avec les choses. À l'opposé, le sauteur à ski, devenu lui-même objet volant, compose encore avec un instrument, le ski. Ainsi, sous l'influence du sauteur suédois Boklöv, la technique a évolué d'une position en skis parallèles en une position dite en V, qui améliore la portance. Aujourd'hui, les skieurs font varier cette position, du V plus ou moins fermé au X, multipliant les modalités de l'entente entre leurs corps et l'air.
Source de sa grâce, la belle inertie du vol plané est la source de son ridicule dans les sports où il est incident. Livré au plané, un objet n'est plus libre de redresser sa course ou sa direction – il est, quelques instants, prisonnier de son apesanteur. De nombreux accidents, collisions entre joueurs, sorties de route, dos-d'âne intempestifs, sont l'occasion de vols planés dans de multiples sports. Lors du récent Greater Omaha Classic de bowling, un athlète, les doigts coincés dans la boule, entraîné par le poids de celle-ci et l'élan de sa course, fut quelques secondes suspendu dans les airs, avant que son joli plané ne régresse en piteuse chute (voir Chuter).

LA FRAPPE DE BOURRIN

On pourrait en situer l'origine dans l'escrime ancienne. Si l'on se réfère aux nomenclatures de Liechtenauer, maître d'escrime du XIVe siècle, on peut distinguer, parmi les coups de taille – coups portés avec le tranchant de l'arme selon un axe vertical, à différencier des coups d'entaille (axe horizontal) et des coups d'estoc (avec la pointe) –, les coups donnés de bas en haut, ou inversement, de haut en bas. Or, ces derniers sont susceptibles de donner lieu à certaines variantes particulièrement violentes, ainsi le Zornhau, « coup furieux » donné de bas en haut, en diagonale, avec puissance, et qui, s'il est donné sans maîtrise, devient une véritable frappe de paysan. De manière significative, le « coup de bourrin » désigne parfois un coup interdit : une règle peu usitée du baby-foot (règles françaises de café) prohibe sous ce titre le coup consistant à frapper du milieu de terrain pour faire rebondir la balle sur la ligne de but adverse afin de la reprendre avec les avants. On a pu aussi voir l'usage de l'expression se répandre pour stigmatiser une évolution récente du tennis professionnel féminin, où la puissance croissante des joueuses serait venue écraser un jeu plus subtil, plus tactique.

Il est pourtant un sport où la frappe de bourrin n'est ni prohibée ni le fruit d'une évolution de la masse musculaire : au football, elle s'intègre naturellement à certaines phases de jeu. On exclura de cette catégorie la « papinade » (voir La papinade), parce qu'elle suppose davantage de technicité et d'à-propos, et que, propre à l'attaquant, elle se pratique à l'entrée de la surface de réparation, voire plus près. La frappe de bourrin est plutôt l'initiative d'un défenseur ou d'un milieu défensif, comme en témoignent les noms de ceux qui ont canonisé le genre, les Franck Sauzée, Vincent Guérin, Roberto Carlos. Cette initiative, sou-

vent prise à une certaine distance du but adverse, correspond soit à une phase d'attaque où un défenseur ou un milieu défensif renonce prématurément à construire le jeu pour frapper au but, même de quarante mètres, soit encore à une phase où, sur un coup franc ou un corner, le ballon repoussé par la défense arrive dans les pieds d'un joueur resté en retrait.
La frappe de bourrin, au football, n'est en soi ni bonne ni mauvaise – tout dépend de son dénouement. Propulsée dans les étoiles ou les panneaux publicitaires, elle retombe honteusement sur son auteur : alors apparaissent toutes les passes clairvoyantes dont elle est le gâchis. Droit dans le mille, elle soulève les foules et entre dans la légende – ainsi le coup franc de N'Gotty qui, en 1996, offrit, de plus de trente mètres, le but victorieux au PSG lors de la finale de la Coupe des coupes. Un joueur faisant de cette frappe sa signature voit ainsi son destin suspendu : restera-t-il de lui le souvenir d'innombrables patates dans les nuages ? Ou le succès spectaculaire d'une méchante frappe gravera-t-il son nom dans le firmament ?

LA PICHENETTE

C'est le Citizen Kane du sport. Tout le monde en parle, mais on n'est pas vraiment sûr de son existence, ni de bien circonscrire ce dont on parle tant divergent les témoignages. Pourtant, dans la préhistoire du sport, tout était clair, comme en témoigne un dictionnaire de ces temps que les moins de cent ans ne peuvent pas connaître. L'entrée « pichenette » renvoie à « chiquenaude », définie à son tour comme un « petit coup porté par une petite détente brusque du doigt ». Clair, oui, car s'évoquent alors la manière dont Bogart se débarrasse de son mégot de cigarette sans filtre, ou le petit coup par quoi on projetait une bille vers le trou creusé dans le bitume de la cour de récré.

Cela se complique si l'on songe que le terme est essentiellement en usage dans le football, jeu de pied comme la traduction l'indique. Doit-on en conclure qu'on désigne par là un petit coup porté par une détente brusque du doigt… de pied ? Assurément pas. Pour tout dire, on ne sait pas bien ce qu'on désigne, comme en témoignent plusieurs occurrences chopées au vol. Ici, la pichenette relate un penalty en « feuille morte » (voir La panenka), là un attaquant piquant la balle pour éviter le gardien venu au-devant de lui, ailleurs un lob des dix-huit mètres, ailleurs encore une passe en retrait. N'importe quoi. Un point commun évident n'a cependant pas pu échapper au lecteur perspicace. Dans les quatre cas cités, la frappe de balle est jouée en mineur. Elle neutralise le tir en toucher, tient de l'effleurement, procède d'une retenue interne de la puissance virile

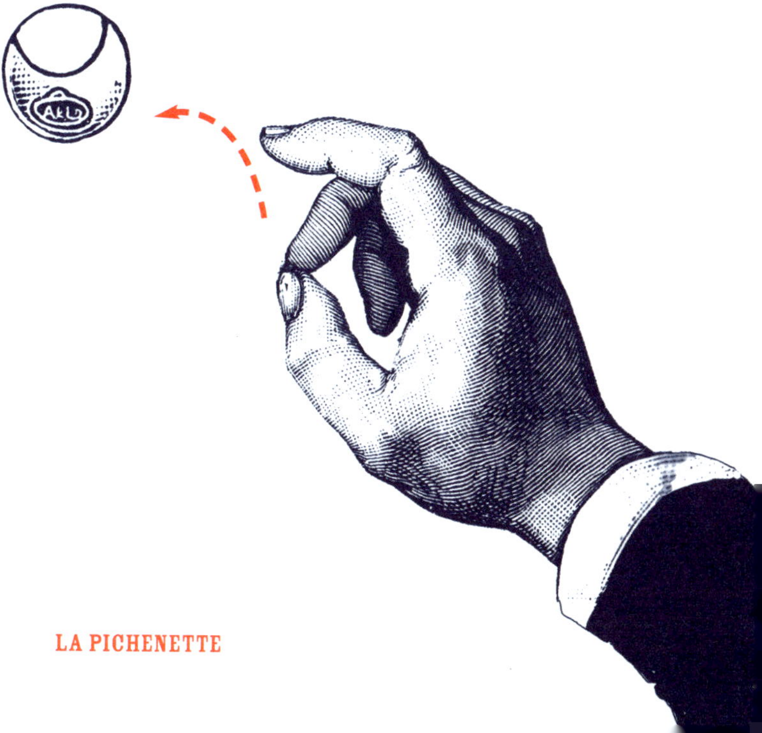

inhérente à la frappe, ce que le suffixe aurait dû d'emblée nous faire comprendre. Si l'on fait abstraction de son sens en rugby (doigt dans l'œil sous la mêlée) et qu'on renvoie à son usage en volley et en hand (coup de poignet à peine perceptible), la pichenette est une injection de délicatesse dans un contexte où chacun montre ses muscles. Par là le sportif confesse sa part féminine, empruntant du même coup au dandy sa politesse mondaine. La pichenette est un geste qui s'excuse d'exister, ne s'effectue qu'au prix de sa retenue. Elle tient de la discrétion, donc de la dissimulation, donc de la ruse. Elle est les deux : geste qui ne veut pas en imposer mais entend bien faire fructifier l'effacement qu'implique son exécution. Coup de pute.

LE MOUCHAGE AVEC LES DOIGTS

Le sport transforme la vie des gestes les plus simples, les plus roturiers. Par exemple se moucher. Dans les vieux sports collectifs, foot ou rugby, on se mouche avec les doigts. Dans les sports sur parquet, c'est interdit.

Le mouchage avec les doigts est le propre d'un homme qui travaille. Les mains sont sales, douloureuses, trop occupées pour avoir le temps d'accomplir le trajet compliqué propre au mouchage civilisé. Du coup, les hommes ont inventé de pincer une narine pour vider l'autre de son jus incommodant. Comme tous les gestes du monde, comme le crachat son aîné, celui-ci a connu des dérives théâtrales : se moucher avec les doigts est devenu un emblème viril parmi d'autres, l'occasion pour l'adolescent de prouver qu'il est un homme, car un homme ça crache, ça rote, ça se mouche avec les doigts, un homme, c'est crade et fier de l'être.

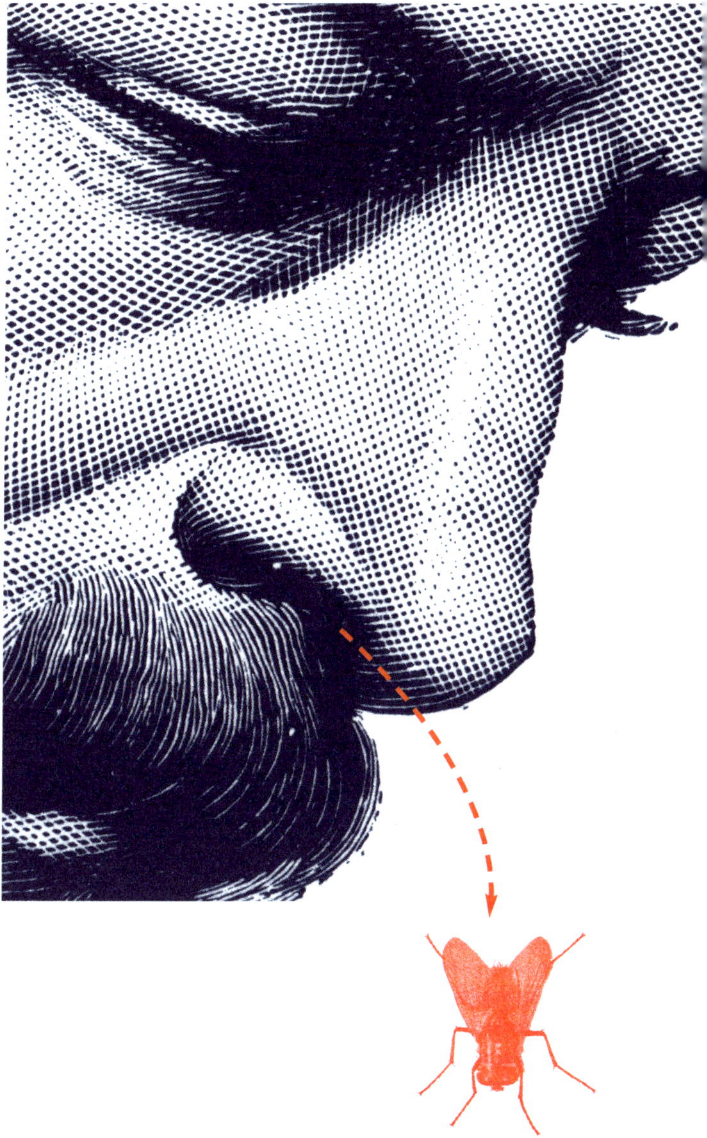

Cependant, avant de connaître des dérives symboliques et techniques, le mouchage a une utilité. Le nez est en effet le lieu d'évacuation des glandes du massif facial, en gros, c'est le cul du visage. Par ailleurs il est, le nez, un des organes de l'appareil ventilatoire. Plus, c'est obstrué moins ça ventile. D'où le mouchage. Le mouchage sportif.

Le sport ne transforme pas la vie ordinaire des gestes, il les technicise. Le sport professionnel est intéressant en ceci que la technique y est portée à son point d'explicitation maximal. Quand le mouchage d'un footeux amateur se reconnaît a posteriori au secouement des doigts pollués par les glaires, celui du professionnel se caractérise par sa propreté et sa discrétion. Le mouchage existe en version simple (index ou pouce presse la narine), ou en version double (index + pouce pincent la pointe de l'épine nasale, je me penche en avant, je souffle). Exemple, le footballeur revient à reculons d'une position de hors-jeu, il tourne la tête, index sur ailette gauche, un glaviot rond de la forme d'un crachat en sort, le joueur se retourne et trottine vers sa place.

Le joueur a fait deux choses. Il a nettoyé le conduit nasal, geste automatique parfaitement exécuté. Et ce faisant, s'est amendé de son hors-jeu.

Les anthropologues ont assez noté la charge symbolique du crachat – marquage de territoire – pour qu'on n'y insiste pas ici. En deçà du symbolique, certains gestes, dont l'automatisation ne fait aucun doute, sont très utiles, de par leur discrétion, pour recadrer un moment de flottement, de gêne, pour occuper son corps quand une pause dans le jeu l'abandonne à son hyper technicisation. Le corps professionnel n'aime pas la vacance. Le mouchage avec les doigts est le symptôme léger de cette hystérie technique des corps réquisitionnés pour le spectacle.

LA FEINTE

Une feinte est une ruse du corps. Le corps s'y fait signe et adresse un message à l'adversaire, annonçant une intention qui ne sera pas actualisée. L'adversaire est prié d'y mordre : de répondre à la figure annoncée par le signe-corps (voir La passe aveugle), sa position, son expression, et de laisser ainsi, contraint et forcé, vaincu dit-on, s'exécuter l'intention autre, dissimulée, que la feinte recelait tout en affichant diversion. La feinte repose sur une inadéquation du message à la réalisation. Si l'adversaire comprend la feinte, il l'annule : il a su lire la ruse de l'inadéquat. Il ne se sera pas laissé prendre à la puissance évocatrice du faux. Ou bien lui-même aura surjoué la feinte en réponse à la feinte pour mieux la désamorcer. C'est toujours un risque pour le feinteur : être le feinteur feinté, comme il en est de certains arroseurs.

Ce tireur de penalty bien connu – d'ailleurs le voilà confronté à un gardien de but dont il a été le partenaire de club pendant plusieurs années – vise habituellement fort, à mi-hauteur, le petit filet sur la droite du goal. Mais cette fois, au dernier moment de sa course d'élan, il contredira la position de son corps armant sa frappe, il ouvrira son pied pour, du plat, à ras de terre, tirer à gauche. Oui, mais non, car il sait que le gardien sait, et anticipera. Mieux vaut garder ses bonnes vieilles habitudes, d'ailleurs il ne rate jamais un penalty. Oui, mais il sait aussi que le gardien fera le même calcul, conscient que leur mutuelle connaissance convoquera l'habitude, donc que la feinte sera de ne pas feinter ; il ne sera pas dupe, et le cueillera. Feinte au carré, puis feinte au cube, et ainsi de suite : ça pourrait durer des heures, mais l'arbitre a sifflé, il faut bien y aller maintenant, il s'élance, panenka sous la barre (voir La Panenka), c'est n'importe quoi mais c'est une feinte.

Tous les sports ou presque ont leurs types de feinte : par exemple, feinte de frappe au football, de coup en boxe (*fake blow*), de passe au rugby, de défaillance au cyclisme (pour mieux contrer), d'attaque en escrime, de lancer au cricket, de shoot au basket (suivie de passe au joueur extérieur démarqué), etc. Cette lutte des volontés qui s'inscrit dans la visibilité des corps varie, évidemment, en fonction des règles qui régissent chaque jeu. C'est précisément dans son rapport avec la règle que l'inventivité de la feinte prend effet. Une feinte de shoot au cyclisme serait peu probante, un passement de jambe en boxe assez périlleux. La ruse doit s'adapter aux contraintes restreintes du jeu, dont elle étend ainsi les possibilités à l'intérieur même de son cadre coutumier.

CONTRE-PIED (ÊTRE PRIS À)

Prendre un adversaire (ou un partenaire) à contre-pied est permis par bien des sports de balle et consiste, comme son nom l'indique assez mal, à envoyer l'objet dans une direction inverse de celle à laquelle s'attendait cet adversaire ou partenaire. Envisagé du point de vue de l'exécution, le contre-pied revêt des formes bien différentes selon les sports (du revers de tennis à la frappe du plat du pied au football). S'il n'y a donc pas de gestuelle propre au contre-pied en tant que coup, il en existe une commune aux contre-pieds subis.
Tout joueur pris à contre-pied connaît un moment de grand désarroi. Constatant soudainement qu'il est « parti du mauvais côté », son corps est encore tendu vers le lieu prévu de l'exécution d'un geste alors que ses yeux suivent le trajet de l'objet dans un espace dont il est irrémédiablement absent (« le bon côté »). Le désarroi se lit d'abord dans les yeux avant de

s'étendre à l'ensemble du corps sous la forme d'un relâchement soudain : les épaules tombent, les bras sont ballants, la course (quand il y a course) s'achève, littéralement, dans le vide. À ce canevas s'ajoutent des variantes qui font le charme du contre-pied pour le spectateur. Dans la variante tragique, celui qui est pris à contre-pied, sitôt qu'il s'en aperçoit, renonce (sans doute par orgueil) à suivre des yeux l'objet qui s'échappe et laisse tomber sa tête dans un geste qui, avant Stanislavski et l'Actors Studio, signifiait dans tous les théâtres la défaite du roi. Dans sa variante comique, la contradiction directionnelle entre la tête et le corps produit un défaut de coordination qui entraîne la chute. Pendant quelques centièmes de secondes, le joueur est un pantin désarticulé ou une créature de dessins animés (il y a toute une tradition de la contradiction tête/corps dans les cartoons américains), qui finit par tomber, souvent sur les fesses (ce qui distingue cette chute du plongeon), à équidistance du point vers lequel il se dirigeait et du point vers lequel il aurait dû se diriger.
Qu'elles qu'en soient les variantes formelles, c'est dans cette contradiction entre la direction du regard et celle du corps que réside la signification du contre-pied, qui en cela est platonicien. Ce que dit la posture de celui qui est pris à contre-pied, c'est qu'on ne peut rien quand le corps est lancé, qu'il est impossible de faire machine arrière, que le corps ne pourra pas faire ce qu'il faudrait, mais il dit aussi que l'esprit sait ce qu'il faudrait faire, qu'il sait où il faudrait aller, bref, ce geste dit que l'esprit est prisonnier du corps. Car s'il pouvait imposer à son corps ce que son esprit conçoit, le gardien de but qui a plongé à droite et voit le penalty partir à gauche ferait un virage dans l'air, partirait dans l'autre sens et arrêterait le ballon (encore l'imaginaire du cartoon qui dans ce qu'il fait subir aux corps relève aussi du fantasme

CONTRE-PIED (ÊTRE PRIS À)

platonicien). Et si l'on y réfléchit bien, le contre-pied n'existe que parce que la lourdeur du corps nécessite l'anticipation. S'il n'était pas nécessaire, pour pallier la lenteur du corps, de prévoir, d'imaginer et de partir en avance, il n'y aurait pas de contre-pied. Que l'esprit se soit trompé en choisissant le « mauvais côté » est toujours secondaire par rapport à l'impuissance ressentie à ne pouvoir rectifier cette erreur. Dans tous les cas, en amont ou en aval, être pris à contre-pied est une défaite de l'esprit.

SPÉCIFIQUES

COMME LE PETIT D'HOMME
NE DEVIENT UN INDIVIDU QU'À
CONDITION DE SE DÉTACHER
DE SA MAMAN, CHAQUE SPORT
GAGNE SON NOM EN SE DISTINGUANT
DU VIVIER GESTUEL GÉNÉRIQUE
DANS LEQUEL TOUS PUISENT. PAR
LA SUITE, IL NE CESSE JAMAIS
DE TRAVAILLER À LA
SINGULARISATION DE SES
PROTOCOLES. AINSI, À PARTIR
DES QUELQUES « FONDAMENTAUX »
QUI LE CARACTÉRISENT, DES
SOUS-AGENCEMENTS APPARAISSENT
QUI EN SONT COMME LE
RAFFINEMENT, ET DESSINENT
SA ZONE ÉLITAIRE, SA GAMME
ARISTOCRATIQUE. PEUT-ÊTRE
ALORS FAUDRAIT-IL PARLER
DE FIGURE, OU DE TRUC, OU DE COUP.
PEUT-ÊTRE ENTRE-T-ON DANS LE
DOMAINE DE L'INVENTION, DANS
CELUI DE LA GRATUITÉ QUI
CARACTÉRISE L'ART, LÀ OÙ LES
GESTES RÉGULIERS PROCÈDENT
D'ABORD DE LA NÉCESSITÉ
VOIRE DE L'ÉLARGISSEMENT DU
CHAMP LORSQU'IL EST SATURÉ.
EN SOMME, LA RÈGLE FABRIQUE
SES EXCEPTIONS.

1 - FONDAMENTAUX

LE PRESQUE SERRAGE DE POIGNET (AÏKIDO)

En général, on se serre la main (foot). Mais il arrive qu'on se caresse les gants (boxe) ou la nageoire (natation synchronisée). Les arts martiaux exigent quant à eux que les bustes s'inclinent – le geste signifiant à la fois respect et soumission à l'adversaire.
Ce respect est rejoué dans le combat lui-même, par l'entremise d'un geste discret propre à nombre d'arts martiaux : le « presque serrage de poignet » (traduction littérale du japonais *mizogushikenji*)
Suivez le mouvement : quelqu'un m'attaque, les doigts tendus et serrés les uns contre les autres parce que la main est une lame et le bras un sabre. Si je m'oppose à la force que va conduire le bras, membre conducteur pourrait-on dire, je vais – c'est certain – déguster. Le cou, l'épaule ou mon propre avant-bras encaisseront toute cette force et je quitterai le tatami rouge de honte et couvert de bleus. Caméléon piteux.
Si je cherche à parer le coup, je perds. Je dois donc devenir oriental et penser autrement. En premier lieu, et de quelque nature qu'elle soit, je dois respecter la force qui est en train de traverser le corps de celui qui m'attaque. Je ne dois pas l'appeler adversaire mais « partenaire ». Je ne dois pas considérer les motifs qu'il peut avoir de m'attaquer, je ne dois penser qu'à la force qui le traverse. Je ne dois donc pas m'y opposer, mais tenter de la détourner pour l'utiliser contre lui. « Miroir » disent les enfants dans la cour de récréation – qui sont de vieux sages, c'est bien connu.
Je respecte cette force, donc, et me contente de l'ac-

compagner et de la retourner contre celui qui croyait la posséder. À la différence du premier boxeur venu, je ne bande pas les muscles du ventre, je ne me cache pas derrière un taillis d'avant-bras et de poings, en attendant que ça passe. Je pivote à 45 degrés et laisse passer la main du partenaire. Je me presque saisis du poignet qui suit de près cette main, je le presque enserre – inutile de le tenir vraiment – et accompagne le mouvement du bras jusqu'à son épuisement, c'est-à-dire jusqu'au sol, qui est le moment où l'autre corps perd l'équilibre et verse tête la première sur le tatami.
Sa propre force l'a déséquilibré.
Je la respecte tellement que je dois lui montrer qu'il s'en sert mal. Je ne suis pas son adversaire, je l'accompagne – en pédagogue. Qu'il soit chevalier ou bien marlou, je dois lui rappeler que sa force est sa plus grande fragilité.

LE PASSAGE DE RELAIS AU 4 X 100 MÈTRES

L'épreuve du 4 x 100 mètres en athlétisme est une curiosité mathématique. Le record du monde de cette épreuve a en effet été porté à 37 secondes et 40 centièmes par l'équipe des États-Unis le 8 août 1992. Or, la multiplication par quatre du record du monde du 100 mètres (9" 77) aboutit à un temps virtuel de 39" 8, soit près de deux secondes de plus. Comment comprendre que 4 x 100 soit inférieur à 100 + 100 + 100 + 100 ?
Évidemment, le paradoxe n'est qu'apparent. Sur un 100 mètres, le sprinter part en position arrêtée, et n'atteint sa pleine vitesse qu'au bout de quarante à cinquante mètres. Dans un relais, seul le premier part d'une position arrêtée. Le passage du témoin

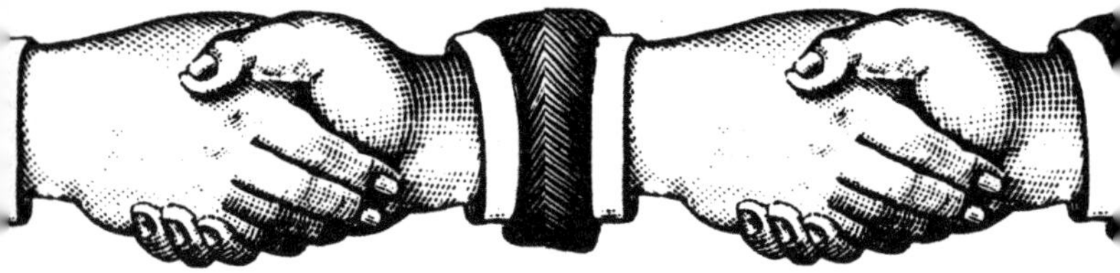

s'effectue dans une « zone de transmission » de vingt mètres, et le coureur reçoit le témoin alors qu'il est bien lancé.
Il y a autre chose. La qualité de la transmission du relais tient au savant dosage de deux objectifs :
1. Tenter de maintenir la progression du témoin à une vitesse quasi constante pour être à pleine vitesse sur une distance la plus longue possible.
2. Assurer la transmission, c'est-à-dire éviter que le témoin ne soit transmis hors zone ou ne tombe.
Rapidité et sécurité sont l'alpha et l'oméga de l'épreuve du relais 4 x 100 mètres. Or aucune main invisible ne vient assurer la transmission du témoin. C'est la chance de l'école française face à l'hyper-puissance du sprint américain. Une école où le travail de transmission vient compenser les écarts de vitesse pure entre les français et leurs rivaux. Lors des derniers mondiaux à Helsinki, deux Américains gagnaient leurs demi-finales de 100 mètres respectives. L'un d'eux, Justin Gatlin, sera sacré champion du monde le lendemain. Dans le même temps, Ronald Pognon, leader incontesté du sprint français, échouait à la dernière place de sa demi-finale.

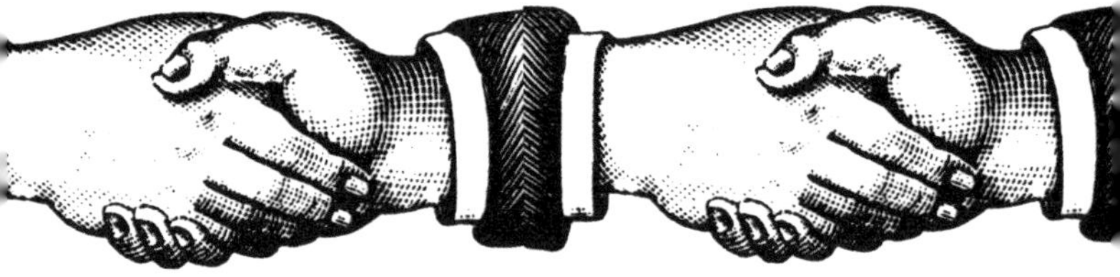

Quelques jours plus tard, la France était sacrée championne du monde du 4 x 100 mètres alors que les État-Unis étaient éliminés dès les séries pour avoir fait chuter le témoin.
L'athlétisme, c'est le règne des performances individuelles. Le corps est une monade, sans porte ni fenêtre. Les valeurs de l'athlétisme s'articulent autour d'un travail sur soi. Le modèle dominant est un libéralisme où les mérites ne sont qu'individuels. Le relais est foncièrement à contre-courant de ce modèle. Une sorte de bulle où les vertus de la coopération priment sur le seul rendement individuel, où la solidarité est principe d'efficacité. L'espace d'expression et de résistance de la social-démocratie de la vieille Europe face au libéralisme anglo-saxon. Espérer une victoire de la France lors des épreuves de relais n'est donc pas réductible à un réflexe cocardier. C'est une vision de l'homme et du monde qui s'y joue. Le relais est sans doute le seul espace ou le supporter français peut chanter *la Marseillaise,* main sur le cœur, animé du sentiment légitime d'agir pour un monde meilleur.

LE DISCOBOLE DE MYRON

La célèbre statue représentant le lanceur de disque en action est, comme emblème du corps et du mouvement de l'athlète, souvent mise en avant dans l'iconographie du sport moderne. La source de cette fascination se trouve peut-être dans le caractère unique du geste sculpté par Myron – un geste idéal au sens le plus fort du terme.
Myron est un sculpteur grec du Ve siècle avant J.-C. Aucune sculpture originale n'est parvenue jusqu'à nous, mais nous connaissons son discobole par ses diverses copies romaines. On loue d'abord l'art de Myron pour le mouvement qu'il insuffle à sa statue, notamment en parvenant à représenter une posture où la rotation du torse diffère de celle des jambes. Mais l'accomplissement de Myron tient avant tout à ce que ce nouveau réalisme conserve néanmoins un très serein sentiment d'ordre et d'harmonie. On note d'abord l'impression de symétrie qui se dégage du buste et des bras : le buste, à la musculature harmonieusement sollicitée, est latéralement penché vers la gauche, le bras droit portant le disque vers le ciel, tandis que le bras gauche s'étend jusqu'à poser la main au-dessous du genou droit fléchi selon un angle un peu plus grand que celui de la flexion de la jambe gauche. Le buste, malgré sa torsion, les deux bras, la jambe droite, malgré son avancée, semblent exister sur une seule et même surface, pure, dont s'échappent seules la jambe arrière et la tête, tournée vers le disque, à l'opposé de la direction vers laquelle le corps tout entier dirige ses efforts. Plus encore qu'un idéal de beauté physique souvent recherché par les modernes dans cette sculpture, le discobole de Myron affirme l'idéal d'une harmonie du mouvement et de la structure, l'utopie que le geste sportif, profondément rationnel, découle de la perfection de

la position, elle-même expression la plus naturelle et la plus adéquate du corps humain. Mais cette pose si élégante est si particulière qu'on doute du fait que le geste ait jamais été accompli, en tout cas pas avec l'ambition de lancer avec quelque efficacité son projectile. Cela est vrai aussi bien de nos jours, où il ne viendrait à l'idée de personne de tenter un tel geste dans un stade, que dans l'Antiquité, dont les autres représentations de lancer de disque, notamment sur céramique, diffèrent significativement de l'idéal de Myron : les discoboles céramiques manquent de vie, et les discoboles que nous voyons aujourd'hui lancer le poids sont bien trop assis sur eux-mêmes pour espérer s'élever ainsi. Ils ont, comparés au geste de Myron, l'air pataud. Nous découvrons ainsi que le geste du sportif ne rencontre que rarement son idéalité ; pas le geste juste, juste un geste.

LE VIRAGE EN NATATION

Il existe autant de types de virages – demi-tours entre deux longueurs – que de nages, autant de manières d'appréhender ce mur qui se rapproche et marque une fin en même temps qu'une promesse : celle d'un nouveau départ, d'une nouvelle impulsion.
Le moment de la culbute est gagnant s'il s'accompagne d'une bonne poussée propre à faire reprendre de la vitesse. Propulsion à moindre coût énergétique, repos musculaire dans le temps de glisse, tout bénef. Avec le plongeon, le virage peut faire la différence. Stéphane Caron, meilleur français sur 100 mètres nage libre, préfère les petits bassins de vingt-cinq mètres, qui lui permettent trois virages au lieu d'un. En cinquante mètres, Caron nage en 49'18"; en vingt-cinq mètres, il passe à 48'62". Le virage est une chance.

Savoir virer, c'est savoir négocier et optimiser les moments de décélération, les cassures dans le mouvement. En natation, comme ailleurs, les meilleurs sont ceux qui tirent parti d'une rupture dans la linéarité de leur position, pour repartir de plus belle. Pour cela il ne faut pas avoir peur du mur.
Le virage le plus difficile, celui du crawl, est du coup le plus efficace. Virage de culbute. On pourrait se contenter de toucher le mur avec la main, de se retourner, de repartir ; mais ce mouvement interrompt le rythme de la nage, fait perdre bien trop de temps. La culbute a lieu en six mouvements, autant de dextérité : l'approche du mur, le retournement, la touche du mur, la poussée, la coulée, la reprise de nage. À l'approche du mur le nageur accélère, règle sa respiration pour ne pas inspirer sur le dernier mouvement avant la galipette puis, déclenche la cul-

bute à partir de la tête qui s'enroule, mouvement aidé par l'ondulation initiatrice et les bras qui restent stables le long des cuisses. Les paumes sont orientées vers le fond du bassin, servent ainsi d'appui et empêchent le corps de s'enfoncer. Pirouette, jambes groupées, corps enroulé, les mollets et les pieds passent un instant au-dessus de l'eau. À la sortie de la rotation – pas tout à fait dans l'axe pour répartir la vrille –, le nageur se retrouve sur le dos, pieds au mur, orteils vers le haut. Ce n'est que dans la poussée et la coulée que la vrille s'achèvera sur le ventre. Et le nageur pousse à fond, tête entre bras tendus, bonne position hydrodynamique, il est invisible, la surface de l'eau est calme, il ressortira bientôt. La natation est un sport de glisse.
Sitôt que la vitesse dans la coulée décroît, reprise de nage, au bout de cinq mètres environ. Le virage a duré deux secondes. Deux secondes de suspense, nageurs qui disparaissent dans les profondeurs, ressurgissent en dauphins, brouhaha de la nage qui reprend. Un instant le nageur a fait le poisson, s'y est cru et nous aussi, suspendus dans le silence soudain de sa coulée. Un instant le nageur en pleine compétition a bien cru se fondre dans son élément.

ÉPAULER

Le biathlon est un sport pas marrant. Truc nordique, synthèse d'une tradition qui désignait le meilleur d'entre les chasseurs sur deux épreuves, le ski de fond et le tir au fusil. La discipline exige donc deux qualités pas forcément compatibles : l'endurance et la concentration. Après s'être littéralement épuisé à parcourir entre dix et vingt kilomètres comme un dingue dans la neige, il faut empoigner le plus vite possible une carabine 22 long rifle qu'on a trimballée dans son dos durant l'intégralité du circuit, puis épauler, viser et tirer. Viennent alors à l'esprit les images d'un agent des forces spéciales, d'un espion ou d'un chasseur alpin. Il faut être Jack Bauer, James Bond ou Jason Bourne, surentraîné physiquement et hallucinant de sang-froid. C'est cette dernière qualité qui retient l'attention, ce geste qu'au terme d'une course anéantissante il faut encore savoir exécuter sans trembler : épauler le fusil et dégommer la cible. On doit se prendre un moment pour De Niro dans *Voyage au bout de l'enfer* ou pour Walter Pidgeon dans *Chasse à l'homme.* Un moment où l'on retient sa respiration, où l'on a calé l'arme dans le creux de son épaule et où il faut viser, sans penser à quoi que ce soit. Faire le vide, la mise en joue sert aussi à ça. Créer une transition mentale entre la souffrance de l'effort à ski et la sérénité nécessaire au tir. Un geste que l'on doit probablement vivre au ralenti. Qu'on décompose sûrement à l'infini, qui dure mille ans dans une tête assommée de fatigue avant que ne soit acquise l'immobilité nécessaire au tir. Après, il y a cette autre souffrance de la concentration. Au biathlon on exerce debout ou couché, alternativement, et tout ça finit réellement par ressembler à un machin de bidasse. Jointure entre deux procédures antagoniques, le geste d'épauler devient acclimatation d'une violence à une autre.

LE LANCER DE POIDS

Un principe trivial : lancer le plus loin possible une masse sphérique de 7,260 kg (homme) ou 4 kg (femme). Mais le lancer, ce poids, depuis un pas de tir circulaire de 2,1 m de diamètre, pourvu d'un butoir, et sans en sortir avant l'atterrissage du projectile. Le lancer depuis l'épaule, et d'une seule main.

Pour cela, deux modes opératoires concurrents, ce qui signale la complexité du geste et déjoue le dédain de ceux qui ne voient dans cette discipline qu'une épreuve de puissance, défilé de colosses moulés dans des cuissards de Lycra à bretelles, cou de taureau et visage fermé. Ou comment l'élaboration technique conduit à l'optimisation stupéfiante des capacités d'un corps humain, puisque de 15,54 m en 1909, le jet d'un lanceur homme atteint 23,12 m en 1990, soit une croissance de 30,5 % quand sa masse musculaire, même si dopée par des stéroïdes et des anabolisants, n'a pas crû mêmement.

À droite, les partisans de la puissance brute, autrement dit le sursaut rasant ou technique par translation mise au point par l'Américain O'Brien au début des années 50, qui sied aux gabarits grands et lourds, hyperrapides :

1. L'athlète, si droitier, tourne le dos (rond) au butoir, tronc incliné, jambe droite fléchie au sol, jambe gauche en arrière.

2. Il opère une poussée oblique en même temps qu'un sursaut en arrière, sa jambe droite glisse sous son corps et la jambe gauche se tend vers le butoir, le tronc se redresse.

3. Il se réceptionne sur son pied d'appel puis, quasi simultanément, sur le pied gauche ; le corps est donc en appui sur la jambe droite, le poids est positionné en arrière du corps.

4. Il transfère le poids de son corps sur sa jambe gauche en même temps qu'il opère une rotation de son buste jusqu'à ramener ses épaules vers l'avant, puis seulement pivote sur les pieds – il est alors placé à 180 degrés par rapport à sa position de départ –, exécute la poussée en avant : c'est l'explosion finale, achevée par un fouetté magnifique du poignet propre à accélérer encore la vitesse du projectile.

À gauche, les tenants du déploiement par satellisa-

tion, autrement dit la volte ou technique en rotation élaborée par le Soviétique Barichnikov, recordman du monde en 1976, qui exige d'excellentes facultés de coordination. La volte impose un long processus d'accélération du projectile où l'énergie rotative supplée un déficit de puissance physique :
1. Le lanceur, qui est dos au butoir, genoux fléchis à 90 degrés, opère un élan du buste dans le sens inverse (crac) de la rotation, puis pivote, si droitier, sur le pied gauche dans la direction du lancer, décale l'axe de ses épaules par rapport à celui des hanches.
2. Il saute en rotation, se réceptionne sur la jambe droite qu'il aura auparavant largement balancée sur l'extérieur – il danse.
3. Il effectue une poussée rapide en rotation, de sorte qu'il pousse la jambe droite, ramène les hanches vers l'avant et enfin produit son lancer explosif du bras droit.
4. Il bloque toute la partie gauche de son corps contre l'énergie de l'élan impulsée par la rotation.
Le poids reconduit la bagarre en pesanteur Apollo/Soyouz : si les Américains visèrent la Lune par translation de force, à savoir une expansion ciblée par propulsion frontale sur un lieu de fondation possible, les Soviétiques prétendirent au cosmos lui-même, soit la colonisation de l'univers par l'homme communiste catapulté en révolution orbitale.

LA TOUCHE AU RUGBY

La touche de rugby était jadis le lieu des ruses où se répétait, où se chantait l'effort de s'arracher à la pesanteur et d'où parfois, à la faveur d'un exploit – la cause de l'exploit n'est jamais explicite – surgissait la grâce, la tant attendue prise à deux mains. Le saut devait être pure extension. Les sauteurs étaient vénérés, certains comme Spanghero étant d'anciens basketteurs, et il fallait au moins ça car sur la saisie du ballon pesait un interdit. L'ascenseur (action de porter le sauteur en lui empoignant le short) était formellement prohibé bien que pratiqué sous le manteau. L'implicite régnait, fait de coups de coude, tirages de maillots et autres irrégularités. Le roi Argent, pour donner l'illusion de servir honnêtement le spectacle, exigea en 1995 – année de l'abandon de l'amateurisme par le Board – une moralisation des gestes,

qui conduisit paradoxalement à la levée de l'interdit ascenseur (morale démocratique de la transparence). L'explicitation passe ainsi par une phase disciplinaire. On sort l'interdit de l'ombre pour lui apporter les clartés de l'ordre, en l'occurrence celles de la stratégie et des combinaisons. La ruse et l'approximation ont été remplacées par l'ingénierie sportive et la statistique. Et le sauteur par une machine à sauter.
Le fonctionnement en est le suivant. Le lanceur annonce la combinaison. Les joueurs des deux équipes se font face, les attaquants multiplient les signes destinés à tromper l'adversaire qui tente de décrypter l'embrouille. Le sauteur potentiel a déjà les mains en position de réception (à moins qu'il ne mime le gros cul de son adversaire). Il est entouré de deux acolytes qui sont tels deux crabes aux pinces en avant. Les adversaires ont le choix. C'est soit lui qui saute, soit l'autre placé entre le premier et le troisième dans l'alignement. Au moment où le ballon quitte les mains du lanceur, la défense a presque à coup sûr un temps de retard. Pendant ce temps, les deux crabes ont saisi le joueur par-devant et par-derrière ; l'un lui chope les cuisses, l'autre le pousse au cul, le portant bras tendu comme une danseuse au corps arqué dont les bras levés cueillent quasi infailliblement le ballon. Les adversaires ont effectué le même geste en pure perte.
L'industrialisation du saut a produit en retour une défense formelle, un peu comme le gardien de but au moment du penalty. Une défense réglementée de telle façon qu'elle ne doit pas gêner la propreté de l'exécution. Durant la longue retombée du sauteur, les porteurs se transforment en piliers du maul tandis que la danseuse effectue sa rotation, prête à donner son ballon. Dans cette figure se nichent à la fois la beauté du geste explicitée, vidée de ses ruses impli-

cites, et la laideur du traitement industriel du jeu en l'air. Fin du rapport « naturel » à l'aérien. Dans le monde de l'entreprise néolibérale de légitimation des pratiques d'abattage, le résultat assure désormais le trajet du geste. L'ascenseur autorisé est cousin de l'opération Tempête du désert.

LA POSITION DE VITESSE DU CYCLISTE

Tour de France, épreuve du contre-la-montre, l'une des plus attendues, des plus électriques, le genre qui tient en haleine. Les hommes sont beaux à voir, leurs vélos aussi : combinaisons moulantes aérodynamiques testées en soufflerie, casques profilés, lunettes ergonomiques, roues monocoques en carbone, coudières sur le guidon, cul en l'air. La position de vitesse du contre-la-montre tient autant de l'équipement – technique et clinquant – que de ladite position. Il s'agit donc d'aller le plus vite possible, dans la plus belle tenue, d'affoler le chronomètre, bobsleigh sur goudron, schuss à bicyclette sur la banquise, de dévaler la piste de bowling polie à la cire d'abeille, de fendre l'air lisse comme un obus en vinyle, de faire l'œuf supersonique. Position dite du triathlète.

Le cycliste enroulé sur son vélo qui cherche à entrer dans l'air comme dans du beurre, qui ne veut plus être un homme mais une flèche, une ligne, qui voudrait changer de dimension, abandonner la 3D pour ne plus opposer aucune résistance à l'air – cet air qui colle et s'accroche aux roues, au corps –, devenir absolument horizontal, abolir toute surface frontale. La position de vitesse est la plus rentable possible, la plus économique possible, la plus condensée : buste horizontal – idéalement, parallèle au sol –, fesses en arrière sur la selle, bras en avant collés au

buste et qui reposent sur les coudières, mains rapprochées, cycliste ramassé, couché sur le vélo, tête rentrée dans la ligne du dos, souple, le tout jeté vers l'avant en pointe, rien qui dépasse, aucun geste déplacé, ne pas s'éparpiller, ne pas adhérer, rouler fluide sans accroc, ne pas casser le rythme, ne pas vibrer, homme seul rentré dans le rang.
Les plus performants sont ceux qui réduisent au minimum l'angle d'inclinaison que forme le tronc avec les cuisses, qui épousent la ligne de la route – devenir le bitume –, qui équilibrent parfaitement leurs trois points d'appui : bassin sur la selle, mains sur le guidon, pieds sur les pédales ; et l'air siffle comme le blizzard, fond sur le dos du coureur comme une coulée de lave. L'effort du cycliste est comprimé dans cette position fixe, en tension, en crispation, qui ne déborde pas – au risque de perdre

de précieuses secondes. C'est l'immobilité de cette position et la densité qui en garantit l'efficacité : 50 kilomètres de moyenne.

LE LANCER DU JAVELOT

L'homme tient un javelot dans la main droite, à hauteur de tempe. Il s'élance sur une surface triangulaire qu'il ne doit pas quitter sous peine de disqualification. Accélération et amorce du « hop » en balançant la jambe droite vers l'avant. Le lancer du javelot peut à présent s'effectuer. Le lanceur claque son pied gauche au sol et bloque brusquement sa jambe gauche, triceps sural tendu. Cela accélère la partie droite du corps et met l'épaule sous tension. Le bras est horizontal, mouvement d'abduction, grand pectoral et grand dorsal s'étirent, rétro-pulsion de l'épaule. Flexion du coude droit et déclenchement de la phase explosive du lancer par pivot du thorax autour de la hanche gauche bloquée, grand dorsal et rachidiens fléchis, projection de l'épaule droite, réaction des rotateurs internes, adduction et rotation des abaisseurs du bras droit, coup de fouet de l'épaule jusqu'à la main, le javelot est parti. La hanche gauche se détend, grand fessier-ischiojambier relâché, sursaut devant l'énergie libérée, le lanceur récupère son équilibre pour ne pas mordre.
Dans l'arène, les coureurs avalent la piste, les sauteurs rebondissent leurs courses d'élan, un perchiste pointe son outil vers le ciel, d'autres athlètes s'échauffent et les officiels s'agitent comme des abeilles. Soyons honnêtes, combien de spectateurs ont prêté attention à l'homme expédiant son javelot ? Car le lancer du javelot est un enchaînement de phases complexes, techniques, mais terriblement hermétiques – discipline autiste ? L'athlète a beau

extérioriser, transférer le javelot de son bras à l'autre bout du stade, 98,48 m plus loin (record du monde de Jan Zelezny en 1996), tout se joue en interne, au niveau des muscles, des ligaments et des articulations. Le corps, pourtant fêté ici, ne se dévoile que partiellement, il ne cherche ni la confrontation, ni la communication mais sa propre perfection. Profondeur plus que surface. Geste étanche qui ne se soucie que de sa réalisation.
Légitime du seul fait de son assise hellénique, le lanceur du javelot sert aujourd'hui de cacahuètes aux temps forts d'un meeting d'athlétisme : courses, sauts. Chauffeur de salle, en quelque sorte, comme le poids, le marteau, le disque. Prolo du stade, en attendant les dieux du même nom.

LE STEP

Au début, garder les pieds joints. Lever la jambe droite, poser le pied droit sur la plate-forme puis amener le gauche parallèlement au premier. Buste droit. Ramener le pied droit à sa position de départ, jambe gauche fléchie. Redescendre la jambe gauche de la plate-forme pour retrouver la position d'origine.
La plate-forme est une sorte de marche de quatre-vingt-trois centimètres de longueur et trente-quatre centimètres de largeur en général. Il existe de trois à cinq niveaux de hauteur pour une fourchette de quinze à vingt-cinq centimètres.
Coût moyen : 70 euros (source : Téléachat). Ce ballet de pieds est le mouvement minimal du step : le basic. Le step, discipline du fitness, se pratique en salle et s'accompagne d'une musique oscillant entre 124 et 135 battements par minute. Elle travaille l'aérobie (énergie musculaire par combustion des sucres et des lipides), le cardio, la musculation (fessiers, quadriceps

et ischiojambiers) et brûle beaucoup de calories.
Les sports en salle reproduisent des activités d'extérieur : la course sur tapis de course, l'aviron sur rameur, le cyclisme sur cross trainer. Le step fait bien plus. Là où les autres reproduisent les gestes et les positions sur l'axe horizontal du déplacement, le step s'invente (en 1986 aux États-Unis et dès 1990 en France) au prix d'une rupture d'axe. Il se définit comme la projection d'un mouvement vertical (la montée d'un escalier) sur l'axe horizontal du sol. On obtient une zone de pratique flottante, variant un peu (la surface optimale de cette zone est de quatre mètres carrés) selon le type de chorégraphie mais toujours centrée autour du step.
Moment choisi de détente, musique en fond, sueur, pratique collective, sautillements et figures simples, le step est une activité enjouée. Le « pas » lui-même est joyeux car primitif et visiblement heureux d'investir l'espace improbable créé par cette projection de l'axe des ordonnés sur celui des abscisses.
Ascension libérée de la pesanteur, élargissement de la zone pour inviter les bras, en moulinet ou en butterfly, possibilités innombrables de varier la démarche, la manière de se déplacer, par de multiples chorégraphies. Du grappewine (croisements de pieds) au jumping jack (sauts) en passant par le knee up (montée des genoux), le step est un escalier ludique et idéal. Non pas sport de bonnes femmes mais habile création spatiale qui amène le corps à travailler en souriant.

LA FENTE

En escrime, le geste majeur par lequel le tireur passe à l'attaque se nomme la fente. Nulle poésie : il s'agit bien de (se) fendre. Non plus l'adversaire, dans le

sens de la longueur et sur un pré encore fumant de la rosée de l'aube ; non plus seulement l'air, l'espace et le temps lacérés en un éclair de lame. Celui qui doit (se) fendre, c'est l'attaquant lui-même, c'est son corps qui se scinde, et cela toujours pour trouver celui de l'autre en face, qui sautille et veut la même chose, exactement la même : une touche.
Agressive, la fente est pourtant étrangère au régime pulsionnel de l'agressivité ; elle s'exécute selon des modalités formelles enseignées – les règles de l'art – et requiert maîtrise, habileté, rapidité, explosivité. Au cours de l'assaut, et cherchant la touche en pointe sur une seule action de fente, le tireur doit réduire la distance qui le sépare de son adversaire, gagner du terrain, porter à l'avant son corps vectorisé selon la ligne de lame. Il tend son bras armé, puis, en appui sur une jambe arrière fixe dont le pied demeure constamment plaqué au sol, opère une détente soudaine et puissante qui engage tout son corps ; la jambe mobile est projetée à une distance au moins égale à deux longueurs de pied et, le centre de gravité du corps se déplaçant soudain dans le sens de la fente, elle supporte alors la plus grande partie du poids du corps et fléchit jusqu'à ce que l'aplomb du genou tombe en avant de la pointe du pied. Le bras libre, lui, vient se placer le long de la jambe arrière, tendue en fin de poussée, dans le prolongement de quoi, oblique, le tronc s'avance à son tour.
De sorte que, pied arrière fixé au sol et pied avant mobile, la fente associe quasi simultanément deux injonctions contradictoires : conserver, tenir, assurer ses appuis, et pousser, aller au contact, risquer. Le corps de l'escrimeur est donc un corps clivé. Il se déchire pour la touche, il se divise pour régner. Ce craquement dialectique loge le vif du geste au lieu de l'affaiblir, abonde sa fulgurance. Tremplin au déploiement vers l'autre, il inscrit une percée, opère une ouverture.

On parlera aussi de position de «l'escrimeur fendu» ; le corps du tireur ainsi adjectivé contiendrait l'expérience de la scission interne. C'est pourquoi la fente nous rappelle avec splendeur que l'expérience intérieure n'a jamais lieu « dedans » : c'est une déchirure, on est hors de soi.

LE BALAYAGE AU CURLING

Au curling, le balayage est une accélération. Quand la lourde (19,94 kg) pierre de granit concave est expédiée sur la glace, dans l'orthodoxie méticuleuse de son attitude rappelant une arabesque de gymnaste, la fente de l'escrimeur (voir La fente) ou un pas de danse, par le lanceur que dirige, depuis l'autre bout de la patinoire, le skip à forte voix, les balais s'activent. En tribologie (science et technologie du frottement), on parle d'« énergie de déformation ». Ce que produit le balayage appuyé qu'impulsent les épaules solides, les dos musculeux, les appuis latéraux et les tractions vives des bras des deux joueurs, en frottant la surface perpendiculairement à la course de la pierre et juste devant celle-ci, c'est précisément une déformation du solide glissant qu'est la glace. Par lissage et imbrication des aspérités, élimination des scories, la pierre est ainsi accélérée vers la « maison » – cette cible circulaire qui fait le but du jeu. Le balai est de crin (le broom), héritier des balais qui furent les premiers, au XVIe siècle, à guider des pierres en les précédant sur le pont des navires gelés de la marine écossaise. Sa manipulation est ancestrale, certes, et la technique en semble rudimentaire – quoique le dernier mouvement du balai doive être dirigé vers l'extérieur, ce qui demande un certain sens de la synchronisation. Plus qu'un acte de haute technicité, le balayage est donc tactique : il peut infléchir une course, rectifier une trajectoire ; en l'arrêtant au moment opportun, il est possible de freiner une pierre, de l'amener à s'immobiliser en un point précis. Le balayage est ainsi la part laborieuse d'une stratégie complexe, qui a pu valoir au curling la très vénérable appellation de jeu d'échecs sur glace.

LE PLANTER DU BÂTON

Un ski par pied, un bâton par main. Le bâton est destiné à être planté dans la neige, d'où le nom « planter du bâton », infinitif offensif. Un bâton se compose d'un tube, d'une poignée augmentée d'une dragonne de sécurité, et d'une rondelle située à l'extrémité basse du tube afin d'empêcher le bâton de s'enfoncer trop profondément dans la neige. Poignée et dragonne permettent la préhension de l'outil, sa conservation à portée de main (dragonne) ou son dégagement (de sécurité) lors du planter malencontreux du bâton dans une branche, un ours ou sous une avalanche. L'outil doit s'adapter au corps. Trop court on ne touche pas la neige, trop long on est encombré. En ski alpin, le bâton sert à l'équilibre et se plante pour faire appui et pivot en amorce des virages, un seul bras se trouve mobilisé par « le planter ». En ski nordique, il participe à la propulsion : « skating », et les deux bras poussent sur les bâtons plantés avant de revenir en position d'attaque ; « alternatif », et un seul bras pousse sur le bâton en même temps que la jambe opposée agit sur son ski. Le geste du planter du bâton se limite à tendre bras et avant-bras, les baisser pour « le planter » puis pousser sur le bâton en fléchissant l'ensemble pour avancer le buste.
Le planter varie en intensité selon la qualité de la neige. Geste séquence, il est laborieux et itératif. Mécanique. D'usine, d'ouvrier. Or les Jeux d'hiver de 1968 à Grenoble déclenchent une phase d'engouement pour les sports de neige, et dix ans plus tard, les Bronzés s'en emparent, immortalisant le planter du bâton (Jean-Claude Dusse) en même temps que l'époque. Quelque chose a changé sur les cimes et va irradier les vallées et les plaines du pays durant la décennie 70. Le peuple, dans sa prise d'altitude, va se gonfler d'exigence. Plus que le slip, le camping, l'apéro et la plage, il se

pique à présent de technique. Voilà ce que dit le planter du bâton, geste étendard de ce virage (stem). Le comique réside là aussi, entre ce geste de prolo et les fières velléités de celui qui l'accomplit. Je tends, je plante, je pousse, je suis un technicien. Jusque dans le matériel (professionnel évidemment), l'équipement (le look, les marques) ou la pratique (couleurs des pistes, flocons d'apprentissage).
La culture beauf des années 70 est passée au filtre technique des années 80. Technique planter du bâton des synthétiseurs de la variétoche, technique planter du bâton pour l'invention du genre nanar au cinéma, technique planter du bâton sur les dance floors avec des mouvements compliqués de bras (de Agadou à la Macarena).

LE TRIPLE SAUT

Hop, step and jump, c'est l'ancien nom du triple saut. Soit trois termes qui, à condition qu'on les combine dans cet ordre et qu'on enchaîne entre eux par une virgule puis une conjonction de coordination, décrivent les étapes d'un programme que la plate locution de triple saut est bien incapable de préciser. Ni hop hop hop (ricochet du caillou plat qui rebondit sur la mer plate), ni pom pom pom (valse à trois temps) ni crac boum hue (dialectique), *hop, step and jump* ne connaît pas le plat mais trois sauts distincts, trois courbes différenciées bien que produites selon un même vecteur directionnel et coordonnées par un même solide polyarticulé doté de muscles ad hoc et d'une bonne dose d'intelligence pratique – la complexité de ce geste hautement technique étant surtout de ne pas s'emmêler les pinceaux.
Trop long à inscrire dans les tableaux des concours, *hop, step and jump* désignait pourtant les gestes

requis pour concourir dans la discipline olympique du triple saut : bondis à cloche-pied (*hop*), enjambe (*step*) et saute (*jump*). Trois sauts pour un mouvement, trois sauts pour une marque dans la poussière : le triple exige une capacité exceptionnelle à (se) transformer. C'est pourquoi, compris comme processus et non comme rebondissements mécaniques opérés à la queue leu leu, ce mouvement stupéfiant relève exactement du « fondu enchaîné ». On omit cependant de nommer ce qui les précède, la course d'élan (*run !*) pourtant fondamentale, l'aptitude à foncer sur une rampe de lancement conditionnant la réussite du sauteur. Ces huit à douze foulées sur piste rectiligne en plasticine avitailleront le corps en vitesse comme la pile se charge d'électricité. L'énergie ainsi créée et capitalisée dans le corps appelle ensuite une exacte économie – agressivité de l'attaque, capacité de conservation, justesse de la répartition, gestion de la dépense, fluidité du tout : le champion de triple est un organisateur de génie. Mais, au millième de seconde de l'impulsion du premier pied pour l'appel, le corps de l'athlète, de sprinter businessman devient sauteur humain trop humain. Il bloque son élan horizontal par une brusque poussée verticale lors de l'impact, puis transfère à l'ensemble de son corps l'impulsion générée par des parties de celuici (les jambes, les bras, le torse) selon le principe généreux de la partie pour le tout. Il libère, déploie la puissance. C'est là que les choses sérieuses commencent. De l'impulsion donnée par le pied d'appel, torse vertical et bras repliés à hauteur des épaules, l'athlète opère le cloche-pied, retouche terre sur ce même pied d'appel – il commence donc par boiter. Puis, de ce pied-là, saut avec torse mêmement vertical et bras balancés de l'arrière vers l'avant, réception sur le pied opposé – il enjambe. Enfin, à partir de ce pied-ci, dernière impulsion torse et bras finalement projetés violemment en avant et réception sur les deux pieds, fesses dans le sable. Soit droit-droit gauche ou gauche-gauche droit – parfaite latéralisation exigée, le corps est mobile dans un espace-temps, école maternelle, cloche-pied, bac à sable. Au terme de ce processus où l'engagement du corps est total, 18,29 m est une distance possible – la longueur d'une fourmi avec un chapeau sur la tête.

LE PLAQUAGE

Le plaquage a longtemps été pratiqué par des francs-tireurs, des résistants, des gueules cassées, des héros, des kamikazes, des agriculteurs. Il se transmettait de père en fils et de frère en frère. Le plaquage était la tradition, une arme respectée, redoutée, une arme qui s'enrayait parfois, imprévisible comme les dieux. Soudain l'ennemi était devant soi, il fonçait, la terre tremblait, la clameur de ses coéquipiers l'accompagnait, vous vous baissiez, vous fléchissiez les jambes, seul, vous l'attendiez, le temps était long, c'était un pilier, il mettait du temps à venir, ses jambes grossissaient, il ne fallait pas penser, pas lever les yeux, il fallait se répéter le cri de guerre des vestiaires et basculer vers les hanches camphrées de l'adversaire, il fallait… la pensée de trop, la bête était passée devant vous, vous étiez tombé juste après son passage, vous vous releviez, vous regrettiez, vous étiez un soldat qui courait derrière un autre soldat, votre seule chance était maintenant la cuillère, et ce soldat marquait un essai, vous plongiez derrière ses chaussures crampons montantes. Et c'était foutu. Un plaquage manqué et vous étiez à plat. Vous ne manquiez pas de courage mais la divinité vous avait lâché et votre patriotisme sportif n'était d'aucune utilité. Vous étiez vaincu par le Destin.

C'était jadis. Jadis seuls les Jean-Pierre Rives – soldat intrépide, vaillant, à la belle âme bénie des dieux (voir L'arrachage de bande de Jean-Pierre Rives) – plaquaient inlassablement et vous abattaient des armées, c'était sublime. Jadis le Sublime. Nous, peuple de France, aimions Jean-Pierre Rives tout en pestant contre la faiblesse de nos armées, contre leur inconstance, contre l'affaissement de l'esprit guerrier. Nos héros nous fatiguaient mais nous n'avions rien d'autre.

Alors des psychologues aux frêles jambes se sont présentés. Nous les mécomprîmes d'abord, ils parlaient anglais. Jean-Pierre Rives, qui se savait le dernier héros et savait la défaite des dieux, fit un jour la traduction. Dès lors il ne fut plus question d'épopée. Les soldats furent progressivement remplacés par des sportifs, c'est-à-dire des patients, des méca-

niques évolutives. Les psychologues régnaient. Les corps des rugbymen qui n'avaient pas bougé en un siècle se modifièrent à la même cadence que la mémoire des processeurs. Soudain le Maori Lomu était devant vous, il fonçait, vous appuyiez sur la fonction plaquage du neurone 37, vous vous mettiez à courir, vos bras s'ouvraient, vos épaules surdimensionnées par la muscu s'écrasaient sur les hanches de Jonah, vous partiez en extension, serrant implacablement l'attaquant qui décollait, alors vous entriez en propulsion conformément au logiciel de placage intégré pas encore dans une puce mais que vous aviez téléchargé aux six entraînements de la semaine. Jonah Lomu retombait cinq mètres plus loin. Nous, peuple de France, pensions avoir hypocritement trouvé la solution au déclin du pays. Hypocritement car nous décorions les robots plaqueurs en héros mythologiques. Épaulettes, casque, coiffure à l'iroquois, tuning du sportif. La mythologie en complément alimentaire du régime néolibéral du placage. Ainsi vivions-nous.

BATTING STROKE OU BATTING SHOT

Au cricket, qui a la caractéristique de concentrer son intensité dramatique en quelques gestes éminemment techniques, le batting stroke est le geste crucial du batsman (l'homme qui tient la batte). Deux équipes de onze joueurs s'affrontent sur un terrain ovale en gazon, prenant tour à tour, à chaque manche (inning), la position de battre (batting) ou de lancer (bowling). Au centre de l'ovale, une zone plus intense encore : un rectangle où l'herbe est coupée plus court, le wicket. Un même terme désigne encore cet élément fragile et précieux qui se trouve à l'ex-

trémité du wicket, il s'agit du guichet, alignement de trois piquets sur lesquels repose, en équilibre, un petit bâton appelé témoin (bail), que le moindre coup sur les piquets suffit à faire tomber. Le lanceur prend place à une extrémité, prenant pour cible le guichet. Le batteur se place devant le guichet et le protége. Paradoxalement, on dit qu'il est en position d'attaque : c'est en effet un des charmes du cricket que l'on n'y soit en position de marquer des points que dans l'inconfort de cette protection de l'instable témoin, défense solitaire du batteur opposé sur le terrain à tous les joueurs de l'autre équipe, dispersés sur l'ovale et prêts à l'éliminer si jamais, ayant renvoyé la balle dans les airs plutôt que vers le sol, il leur a donné l'occasion de la rattraper avant le rebond. Entre le risque de voir son wicket atteint et celui de dégager trop franchement (mais pas suffisamment fort pour éviter d'être pris), le batteur essaye de se ménager le temps de faire quelques runs (courses entre les deux extrémités du wicket) et ainsi de marquer des points.
À la grande diversité des coups par lesquels un lanceur cherche à mettre en difficulté le batteur – ou, plus subtilement, à l'amener vers un geste tentant mais fatal –, répond la multiplicité des coups à la disposition du batteur, multiplicité résultant de la diversité des zones (au sol et en l'air) et des positions de frappe, du pied d'appui choisi et de la région de la balle frappée.
Le batteur peut frapper vers le haut (gain et risque maximaux), vers le bas (plus sûr, gain plus faible : ainsi le block, coup purement défensif, sans grande force), ou à hauteur médiane, vers la gauche ou vers la droite. Il amène son coup par un mouvement vertical (le drive) ou horizontal (le cut, le pull ou encore le sweep, ce dernier coup étant joué un genou à terre sur une balle lente), de face, vers la droite ou vers la

gauche. Il peut frapper loin ou près de son corps (ainsi le hook, frappe enroulée, comme un crochet, adaptée aux situations où la balle arrive en direction de la tête du batteur). Chacun de ces coups étant à son tour décliné en multiples variations, selon la direction, l'angle, la force, l'une de celles-ci peut distinguer un batteur. Ainsi l'un des joueurs récemment les plus en vue, Sachin Tendulkar (Inde), a fait du straight drive sa signature ; dans les années 70, le Pakistanais Mushtaq Mohammed fut le premier a introduire le peu conventionnel reverse sweep (sweep inversé, accompli en avançant le pied gauche au lieu du pied droit).
Le choix entre ces multiples batting shots n'est pas simple affaire de technique : elle est surtout une question de lucidité. Sa capacité à lire les intentions du lanceur et à situer les défenseurs, ainsi qu'à ne pas présumer de ses forces, donne au batteur de nombreuses occasions d'éclairer le jeu par la justesse de ses décisions.

LA CHUTE DE JUDO

Les professeurs de judo ayant dépassé la quarantaine vous le confirmeront : autrefois, on pouvait passer un an rien qu'à apprendre comment tomber. Sans engager un combat, sans même esquisser une prise. Savoir se ramasser venait avant tout le reste. S'écrouler en limitant la casse. Faire corps avec le tatami. Posture philosophique en un sens : le judo, art martial, école de sagesse et de respect, enseigne d'abord à se fondre dans le sol comme le ferait une gymnastique présocratique. La chute ne serait donc plus l'aveu d'une défaite mais la préparation psychophysiologique indispensable au futur duel.
Comment fait-on ? On anticipe le déséquilibre, on

prévient le contact avec la surface de la terre. Philosophie encore, mais stoïcisme cette fois. S'habituer par une posture adéquate à épouser la déflagration d'une grosse gamelle, tendre ou détendre ses muscles afin de les rendre compatibles avec un milieu hostile. Tout est affaire de conformation, un peu comme en rhétorique on s'en remet pour un temps aux arguments de l'adversaire, pour comprendre son système de valeurs et, éventuellement, ses failles. C'est en outre un geste total, qui demande abandon de soi et confiance. Il s'agit de s'en remettre intégralement à un référent commun, sol et gravité, et de l'apprivoiser comme l'on sait que l'adversaire l'a fait. Une pratique, enfin : on connaît tous ce cheminement déprimant des apprentis judokas de l'ancien temps ; tomber pendant six mois, se croire prêt et se voir infliger par un maître la démonstration que l'on n'a rien appris, rien du tout. On se ramasse en beauté et on repart pour vingt-quatre semaines de gadins, à se faire une peau comme du cuir.

Qui dit que l'on n'y prend pas goût, au final ? Qui dit que ce désastre si bien maîtrisé, cette petite autodestruction ritualisée, n'est pas une fin en soi ? À quoi pensent tous les lutteurs, lorsqu'ils tombent cette fois-là où il sera inutile de se relever ? Et les boxeurs qui sombrent et admettent, la lèvre au sol, que la messe est dite ? Il y a une ivresse de la défaite, plus complexe et plus touffue que celle de la victoire, car elle met fin en moins de deux à l'angoisse de l'invincibilité. Dans un élan mystique, on cesse toute participation au débat, certes parce qu'on y est forcé, mais d'autant plus parce qu'il faut admettre. Naît alors l'embryon d'un espoir : se relever, reprendre le combat, et vaincre peut-être. Jusqu'à la prochaine chute, comme un éternel apprentissage.

2. RAFFINEMENT

PASSE AVEUGLE (BASKET)

Dite aussi, plus justement, passe à l'aveugle ; mais on préférera l'impropriété de l'adjectif, le raccourci aussi fulgurant que le geste désigné.
Le meneur oriente le jeu. Adversaires et partenaires se disposent sur le terrain en fonction de ses mouvements. Telle parcelle de l'espace fixée par ses yeux devient aussitôt secteur stratégique, horizon des nécessaires anticipations. Car c'est bien le regard qui commande au corps (et par voie de conséquence à ceux des autres joueurs) : épaules, buste, membres inférieurs et supérieurs suivent docilement la ligne qu'il trace.
Quand soudain, tandis que persévère le mouvement amorcé, sans que les pupilles ne dévient aucunement, les bras se dissocient, animés, le temps d'un éclair, d'une vie propre, et projettent le ballon vers une zone imprévue – invue. Il parvient dans les mains d'un joueur démarqué qui ajuste son tir en toute quiétude.
La passe aveugle unit deux corps qui semblaient s'ignorer, étrangers l'un à l'autre, chacun dans son espace. Mieux encore, elle est la fugace jonction de deux visions du jeu : l'altruisme – offrir la balle, en une séquence patiemment travaillée, des heures durant, jusqu'à l'entente parfaite, sans phrase ni regard – et l'individualisme – la prouesse personnelle, le geste « qu'on n'apprend pas dans les livres », l'instinct comme sixième sens. Soit encore deux continents, l'Ancien et le Nouveau : l'Amérique – show des héros made in NBA, exploits physiques, un-contre-un et feux de l'attaque – et l'Europe – religion du collectif, rigueur tactique, zone et défense de fer.

PASSE AVEUGLE (BASKET)

Le geste est très apprécié, très applaudi : pourtant il n'est qu'indirectement, et hypothétiquement, source de points. Et que donne-t-il à voir ? Ni la perfection technique (du shoot, souvent « soyeux »), ni l'explosion physique (du dunk, toujours « rageur »), mais une forme raffinée et très paradoxale de spectacle. Non pas surplus visuel, mais soustraction organisée du visible – aveuglante autant qu'aveugle. Plus qu'une simple feinte : le dénouement d'une chaîne d'illusions construite du corps et des yeux ; l'instant où sont proprement bouleversées les attentes (prévisions) des adversaires (à leur grand dam) et des spectateurs (à leur grande joie). Une délicate opération de trompe-l'œil. Si l'art est bien production de fictions, la passe aveugle est une œuvre d'art. Qui l'exécute est forcément maître des apparences, tenu pour détenteur d'un pouvoir quasisurnaturel, audelà des faibles moyens des pauvres mortels. À tant la pratiquer, et avec tel bonheur, Earvin Johnson perdit son prénom. Il en gagna un autre : Magic.

TACLE

Le tacle est la résultante de la noblesse constitutive du football, qui refuse au défenseur l'usage de ses mains, lui refuse le plaquage, quand l'instinct inclinerait à freiner l'autre en tirant son maillot, en s'agrippant à son short, à ses bras.
Le tacle est surtout une manifestation de la modernité du football, caractérisée par l'accélération et le durcissement. On admire Beckenbauer ou Cris, défenseurs au short propre, parce que seul un placement parfait peut dispenser aujourd'hui de l'usage du tacle. Le tacle n'apparaît que tardivement dans l'histoire, c'est la parade à la rapidité exponentielle des attaquants.

Mais le tacle est aussi l'intrusion acceptée, légiférée, de la violence dans le football. Le racket, l'œuvre désespérée du défenseur, qui ne peut protéger proprement son gardien, arrêter la course du ballon par une feinte, un dribble, une ruse élégante. La violence supplée à la vitesse et à la compétence.
Si le tacle réussi est propre, parfois très technique, souvent admirable, les autres sont sales. Salissure morale. Le commentateur parle d'intimidation, d'agression, d'attentat, de « tacles assassins ». « En Espagne, on tue le football », disait Maradona, victime en 1983 d'une fracture du fémur et d'un arrachement des ligaments, après le tacle par-derrière de Goicoechea, les deux jambes décollées du sol. L'année suivante, le tacle par-derrière ou les deux pieds en avant est interdit. Cette législation après coup amende le tacle, lui laisse la possibilité de devenir un beau geste technique, défensif avant d'être agressif.
L'intervention glissée, comme disent les Belges, est un geste défensif par lequel un joueur s'empare du ballon dans les pieds de son adversaire. Le tacle glissé s'exécute en courant aux côtés du porteur de ballon et en avançant le pied au ras du sol.
On se souvient que Battiston était un bon tacleur, on ne se souvient d'aucun de ses tacles. Le tacle n'est pas la reprise de volée. Comme tout geste défensif peut-être, on ne se le rappelle que par la négative : ceux qui dérogent à la règle, qui cassent l'adversaire (Cantona, les deux pieds en avant contre Der Zakarian) et les défenseurs qui n'en usent jamais (Blanc, défenseur à la verticale).
Le tacle est avant tout risqué. D'abord, parce qu'il est tout simplement incertain, le joueur glissant et ne pouvant par là même entièrement calculer la trajectoire de son corps. D'un strict point de vue tactique, le tacle étant souvent l'intervention du dernier

défenseur, il est aussi périlleux en cas d'échec, le tacleur à terre laissant le champ libre jusqu'au but. Enfin, il est dangereux par le risque connu et assumé de blesser l'autre. La faute sur l'attaquant pouvant donner lieu à un penalty, les deux risques se recoupent et se cumulent. Mort, où est ta victoire ?

PASSE SAUTÉE

Désigne, au rugby, un type de passe qui consiste à allonger la trajectoire du ballon, à accroître son temps de suspension en l'air, afin que celui-ci soit reçu, non par le partenaire qui se trouve à côté du passeur dans la ligne d'attaque, mais par un partenaire dont la position se trouve plus éloignée du point d'origine de la passe. Cette figure de la technique offensive vise à opérer un déplacement de jeu rapide et radical, brouillant l'organisation défensive coulissante de l'adversaire.

Ce qui est donc « sauté » dans la passe n'est ni l'attitude du joueur qui l'effectue (le passeur n'est pas censé sauter – le récepteur non plus d'ailleurs), ni la trajectoire du ballon (son tracé n'est pas vertical), mais le ou les joueur(s) intercalé(s) entre le passeur et le récepteur. Ce sont les joueurs passifs qui sont « sautés » par la passe qui ne leur est pas destinée. Par l'une de ces torsions de langue dont le lexique sportif est coutumier, l'usage n'a pas retenu l'expression, peut-être plus juste, de « passe sautante », mais a en quelque sorte objectivé la passe en tant que telle, la douant d'une volonté propre. À ce titre, l'expression « passe sautée » est l'indice d'une certaine philosophie animiste du jeu : la course intrinsèque du ballon y prime sur l'intention du passeur. Cet animisme rugbystique, qu'il serait intéressant de comparer aux croyances maories, celtiques, cathares ou occitanes, se trouve exprimé, tout aussi bien, dans une tournure de langage caractéristique, axiome d'emploi très courant sur et autour des terrains : « le ballon doit toujours rester vivant ».

SMASH DE TENNIS

Le tennis est, avec la boxe et autres sports de combat, le seul où les adversaires non seulement jouent un contre un, mais aussi se font face, dans la position de vis-à-vis du duel.
Le tennis est, avec le badminton et le tennis de table, de tous les sports (boxe comprise et autres sports de combat), le seul où deux adversaires se font face sans jamais se toucher.
Le tennis, en résumé, serait un sport de combat à distance. Au tennis on se fait face mais se regarde peu, à la dérobée, on évite, on regarde ailleurs, un point loin vers l'horizon bouché d'une tribune, vide ou pleine – et, qu'elle soit vide ou pleine, pareillement bouchée à la vue, puisque ce qu'on doit regarder, c'est une balle qui court et saute entre les lignes, à hauteur d'homme : on regarde horizontal, au tennis. Sauf quand se fait le smash. Quand s'exécute le smash, puisqu'il s'agit d'une exécution, c'est étymologique, « smasher » c'est « écraser », on smashe littéralement pour en finir. Le smash est une césure entre ce qui tient du jeu et ce qui tient du combat. De tous les coups, c'est le seul qui à ce point coupe sa trajectoire : la balle descend du ciel, trajet plus ou moins vertical, la balle n'étant pas une plume, et sa chute, verticale, est coupée par un tampon perpendiculaire qui l'expédie sèchement au loin, en face : fini de rire, finies les courbes, il est temps de filer droit vers le bord opposé du terrain.
Il est l'exact opposé du service (un tampon qui

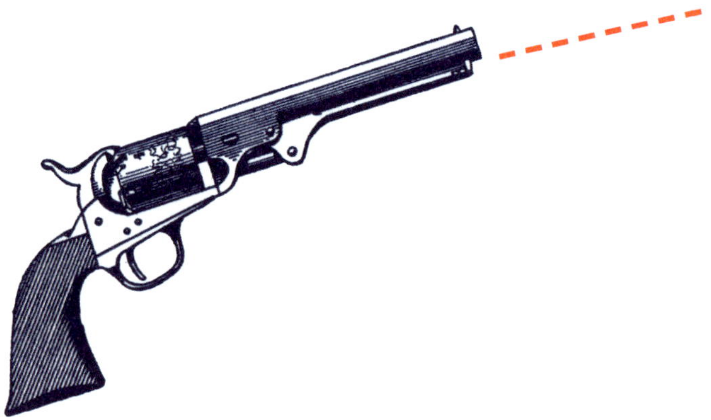

coupe perpendiculairement la chute verticale de la balle pour l'envoyer sèchement en face, au loin), son envers, le même en négatif, l'autre rive de l'échange. Il est aussi son aboutissement, tout ce qui précède tend à son exécution, il est le sommet d'une pyramide construite par l'amas des riquiqui bénéfices d'aussi riquiqui calculs, comme colline de rognures d'ongle. Un piège tendu à un comparse qu'on aurait lentement, méthodiquement saoulé, ne buvant soi-même qu'un verre sur deux.
Tout tend à cette fin, attendue mais unhappy end. Aboutissement et table rase, le smash veut faire place nette, effacer l'entrelacement de lignes invisibles tracées au fur et à mesure de l'échange. Liquidation totale du jeu.

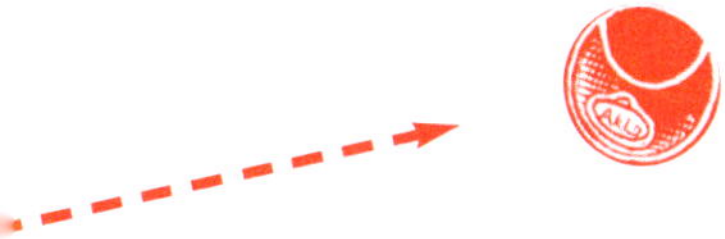

SERVICE ALAMBIQUÉ (TENNIS DE TABLE)

Dans tous les sports, les stratégies d'intimidation sont de mise. Lizarazu racontait qu'il fallait être un peu brutal sur le premier contact pour ne laisser aucune chance à l'attaquant adverse : il ne doit pas ne serait-ce qu'espérer prendre le dessus. Au tennis de table, on va tenir sa raquette d'une manière improbable pour tenter d'impressionner. Chez les minimes, dans les championnats locaux, le premier à savoir maîtriser la prise chinoise devient vite une star et un redoutable adversaire : il est tout de suite soupçonné de savoir produire des effets inédits ou même de pratiquer une sorte de magie noire d'inspiration asiatique transmise par un vieux maître sorti de *Kill Bill*. Bien évidemment, tout cela n'est que du vent, l'essentiel étant de savoir masquer son service et la nature de l'effet appliqué à la balle par le frottement avec le revêtement. C'est là qu'une posture fondamentale de ce que les praticiens détestent voir appeler « ping-pong » prend son essence : elle consiste, à l'orée de l'engagement, à se tenir de biais, le bras tenant la balle et le corps dissimulant de concert le bras qui s'est emparé de la raquette. Infaillible et déstabilisant. Pour peu que vous concentriez votre regard sur la balle en vous courbant légèrement, l'intimidation sera complète. Votre adversaire est incapable de deviner quelle sera la nature de votre service, et c'est un peu au hasard qu'il adopte une des deux parades possibles : amortir au mieux le tournoiement de la sphère plastique, ou la « laver » de l'effet « marteau » ou « coupé » que vous aurez su émettre. Choix à faire en une fraction de seconde, dans l'angoisse de mal contrôler et d'envoyer immédiatement la balle dans le filet ou le décor. Au tennis de table, ces gestes premiers sont essentiels, ils font souvent l'essentiel d'un point. Rigoureusement appliqués, ils peuvent donner lieu à de spectaculaires échanges, dans une atmosphère de concentration proprement perturbante. Comme au tennis, on voit souvent des pongistes balancer leur raquette dans les pieds de la table pour avoir foiré cinq retours de suite. C'est un sport où tout le monde s'échine à avancer masqué, à violenter l'imagination de l'adversaire, quitte à bluffer sur l'intensité du coup proposé. Le geste de la prise ou de l'effet construit doit donc avant tout être maximalisé, comme si, d'être hyperboliquement spectaculaire, il en devenait, paradoxalement, plus mystérieux. Tout cela contribue d'ailleurs à faire du tennis de table une pratique pleine de vice dont on n'a pas tort de dire qu'elle fait appel à des ressources plus mentales que physiologiques. Un sport dont la technicité serait essentiellement concentrée sur la surprise à infliger à l'adversaire, qui aurait à se laver de toute présupposition pour combattre. Comme s'il apprenait cette vertu unique : ne rien attendre que le pire et y faire face, imperturbable.

EXTÉRIEUR DU PIED

Le football est un sport tordu.
Il est déjà tout à fait anormal d'user du pied pour établir un contact avec la sphère de plastique ou de cuir appelée ballon. Regardez l'enfant : plus porté à la

ramasser, par goût humanoïde pour la préhension, qu'à l'envoyer paître avec sa bottine pointure 12. Cependant, voyant papa et ses copains faire, il s'y résoudra tôt.

Il lui faudra plus de temps pour renoncer à taper dans le ballon du bout du pied. L'abandon du « pointu » marquera même son entrée dans l'âge de raison du football, un peu comme celui du chasse-neige en ski. Quoique, en l'occurrence, la position parallèle des skis semble la mieux appropriée à la glisse, alors que si le foot se joue essentiellement de l'intérieur du pied, c'est au mépris de tout ordre géométrique. Vous avez le ballon là devant, le pied n'a de cesse que de le heurter droit, dans le prolongement de son orientation. Mais non. L'adulte vous dira : ouvre ton pied dans le sens des aiguilles d'une montre si tu es droitier, dans le sens inverse si tu es gaucher, et frappe avec la surface désormais offerte au

ballon, cela s'appelle l'intérieur. C'est ainsi qu'il faut faire, sauf à encourir les pires sarcasmes si jamais vous vient une réminiscence de pointu, également appelé pointard, c'est dire le peu d'estime dans lequel le tient le milieu.
Bien sûr, le milieu saura justifier la violence faite au pied pour le tordre. Procédant ainsi, dira l'éducateur, tu offres plus de surface au ballon, ton contrôle est plus sûr et plus précise ta frappe – ce qui n'est pas faux. Mais tout de même, quelle idée d'imposer au pied un angle aussi peu naturel par rapport à l'axe de la marche, de le tordre d'au moins 45 degrés et tout le corps à la suite, demandez un peu à la rotule ce qu'elle en pense, et à la hanche. La position nodale du football est tue-la-santé.
Heureusement le football s'est pourvu d'un antidote à cette anomalie. Prenant le ballon de l'autre côté, la frappe dite « de l'extérieur », le pied offrant au cuir le flanc couronné par son petit doigt, ramène l'ensemble déviant vers le centre, recrée par compensation un équilibre sain, rappelle le corps à la droiture. Pourtant cette reprise en pied est rare. Combien de frappes de l'extérieur dans un match ? Une sur cent peut-être. Il y faut un certain nombre de circonstances favorables, une conjonction d'impératifs angulaires : axe de course de l'appeleur de balle, position du passeur, position de l'un par rapport à l'autre, effet requis pour dessiner la trajectoire idéale de l'un à l'autre. Bref, « l'exter », c'est vraiment quand on ne peut pas faire autrement. Il n'y a guère que les joueurs les plus racés pour en prendre l'initiative sans que le jeu d'angles les y contraigne – le plus dandy d'entre eux ne nous est pas encore né, qui n'hésiterait pas à tirer de la sorte un penalty. Le foot est un sport tellement tordu que les positions les plus naturelles y sont adoptées par des génies pervers férus d'artifice.

PIED QU'ON TAPE EN SERVANT

De tous les gestes du sport, peu sont à ce point une provocation. Regardez, suivez : le pongiste au service lève sa balle de la main, il la suit de la tête et non du corps, c'est une petite lune blanche dans le ciel du gymnase barré de néons. Son corps en partie courbé ne se dépliera pas vraiment jusqu'à elle : il lève la jambe gauche s'il tient sa raquette de la main gauche (droite si c'est un gaucher contrarié, droite encore si c'est un droitier décomplexé – il y en a de plus en plus). À cet instant, son corps est dans une position ridicule : la nuque pliée pour que les yeux ne perdent pas la balle – la nuque pliée comme celle d'un bossu ; la colonne vertébrale en point d'interrogation ; la jambe gauche – s'il tient sa raquette de la main gauche – dont le genou irait presque se loger sous l'aisselle. À cet instant, oui, le corps du pongiste est perclus de points durs et il est ridicule, donc.

L'instant d'après pourtant un parpaing se détache du mur, une plaque de tôle ondulée se détache du toit et Héloïse se détache de moi : c'est que le pongiste vient de frapper le sol du pied, et sa balle juste ensuite. Avec sa raquette. Sa semelle claque le sol comme on claque une joue et la raquette la balle. Le buste et la tête du pongiste se reculent comme s'il venait de tirer un coup. Avec une arme à feu. On appelle ça « le recul ».

Et c'est précisément ce qui est étonnant dans le fait que les pongistes frappent le sol du pied au moment de servir : le buste enregistre la déflagration qui remonte, suite à la percussion du sol, et le corps se retrouve tendu, presque déséquilibré par la violence. Ce serait comme une décharge qui viendrait du sol : je mets les doigts dans la prise et mon corps se déplie et se tend. Le pongiste qui frappe ainsi le sol – et se retrouve frappé en retour, soufflé, étiré, à la limite du distendu – escompte sidérer l'adversaire. On sait des animaux ailés et plumés qui, pour effrayer l'adversaire, ou séduire une femelle, s'enflent et se gonflent jusqu'à l'énorme. Le pongiste pareil : il produit ce bruit qui claque où d'autres (dans le tennis) poussent des cris, des râles, des hurlements. À chaque balle frappée. Le service du pongiste est donc une sorte de haka (le chant de ralliement des All Blacks) ; je mets les doigts dans la prise quand je veux, j'entre en contact avec le sol quand je veux, et te fais voir trente-six chandelles dès que je veux. Je vais servir, oui, et convoquer toute cette puissance électrique et tellurique dans cette lune blanche que je t'envoie, tu vas te prendre un coup de lune, tu ne vas rien y comprendre, je vais t'enrhumer, te rendre fou. Tout cela dans une balle de ping-pong, à la louche dix grammes de plastique – tous les muscles d'un corps humain, toute l'énergie guidée, toute l'électricité et toute la terre dans cette petite lune montant dans le ciel flashé du gymnase.

3. PÉRIPHÉRIQUES

DRAPEAU À DAMIER (SECOUAGE DU)

Dans un Grand Prix de Formule 1, l'essentiel se joue hors de la scène, hors de notre vue : dans les stands, où le team manager transmet ses ordres ; dans le cockpit d'où n'émerge qu'un casque impassible. Le corps est occulté, et, avec lui, le geste, unité élémentaire du spectacle sportif. Du coup, des voix s'élèvent, inquiètes, pour mettre en avant le poids perdu par le pilote, ses muscles hypertendus, les exigences physique et mentale de la compétition, « la Formule 1 est vraiment un sport, si, si ». Ineptie, confusion. Car le sport n'est pas en question. Bien plus le spectacle. Précisons : la F1, entendue rigoureusement comme sport, est un non-spectacle. C'est cette dissociation qui est inconcevable aujourd'hui. Être, c'est être perçu.
La situation est grave : il y a un déficit à combler. Stratégie de la compensation, alors : le centre invisible, la périphérie sera flamboyante. D'où surenchère spectaculaire des à-côtés de la F1. Il faut attester, rendre visible, donc réel. D'abord, afficher les chiffres – garantie sérieuse, les chiffres – toujours astronomiques : vitesses, records, palmarès, salaires, gains, dépenses... C'est mieux, mais insuffisant – manque de chair.
La starification du pilote est impérative, l'exhibition du corps dépouillé de sa gangue d'acier. Corps performant, vrombissant et fiable, comme l'attestent les créatures de rêve et de silicone, pas trop vêtues, qui évoluent au bras des pilotes.
Mais au seuil du Grand Prix (à côté, encore), il est un autre corps. Un bras, du moins. Qui arbore le dra-

peau à damier signalant la fin de la course et son vainqueur. Voyez comme il secoue, avec quelle énergie ! Frénésie masturbatoire saluant l'orgasmique victoire ? Effort désespéré de naufragé sur île déserte pour attirer l'attention du vaisseau passant au loin ? Pour hurler au monde indifférent qu'ici, quelque chose a eu lieu ?
Peut-être aussi, au fond, soulagement après bâillements : le pensum est terminé, allez, vous pouvez rentrer chez vous – ouf, c'est fini.

LE TAP TAP À L'ARRIÈRE DE LA CHAUSSURE DE TENNIS

Tap tap. Tap tap. Bruit – et mouvement – de la raquette qu'on tape à l'arrière de la chaussure de tennis, sur le talon, pour en détacher les résidus de terre battue, faire tomber la poussière rouge accumulée en blocs compacts, laquelle, suppose-t-on, entrave la bonne marche, la course, les déplacements du joueur, en alourdissant inutilement, en encombrant le pied, qui doit être léger, agile, véloce. Avec des semelles crottées, on est bien emmerdé pour courir. Geste périphérique au jeu, dont l'efficacité est incertaine. Geste ambigu et difficilement classable : folklore ? réflexe nerveux ? tic ? toc ? truc de pro ou truc de bouffon ? détail qui tue ? À quoi sert le tap tap ? À se la jouer ou à gagner en efficacité ?

Pour bien poser l'hypothèse de son efficacité, d'abord se défaire des images fantaisistes : les enfants qui jouent au tennis adorent ce geste-clin d'œil, le pratiquent – même sur du quick –, à partir d'un certain niveau de jeu cependant (disons classés 30) ; parce qu'ils ont le sens du ridicule, de ce qu'ils peuvent se permettre. Le tap tap est un signe distinctif et ostentatoire, un geste désinvolte et assuré à la fois. Signe qu'on en est. Prendre un air détaché, lever le pied vers l'arrière comme un cheval qui présente son sabot, taper avec la tranche de la raquette, ou avec le tamis (moins pro). Un pied puis l'autre. Balles neuves.

Avancer maintenant l'hypothèse d'un geste utile. Affirmer que Mats Wilander n'était pas nerveux, ni frimeur, mais perfectionniste. Le moindre détail compte, et quelques grammes en plus sur ma semelle, ce sont de précieux millièmes de seconde qui seront perdus, qui entraveront ma course vers cette balle de set.

Geste obsessionnel perfectionniste, à l'image de Lendl, spécialiste mondial du tap tap. Mais plus encore : hystérie autosuggestive. Se convaincre

d'avoir tout bien fait, maîtrisé, passé en revue, au peigne fin. Se rassurer quand tout vacille, tap taper encore plus. Tap tap, tout va bien. Tap tap, comme sur des roulettes. Conditionnement psychologique, confiance en soi, self-control.
Toutefois, si les équipementiers sportifs travaillent à fabriquer les chaussures de sport les plus légères possible – tout en étant solides, tout en maintenant parfaitement le pied –, c'est bien que chaque détail compte. Et alors cette terre qui viendrait ajouter les trois grammes que des années de recherche avaient réussi à supprimer, ce serait trop bête. Trop bête cette poussière collante qui m'empêcherait de glisser sur la terre battue, de terminer ma course pour rattraper du bout de la raquette cette balle qu'on croyait sortie – dérapage contrôlé. À tout prix éviter qu'un caillot de terre incrustée dans les rainures de ma semelle high-tech interrompe la beauté de cette glissade ; lisse de la semelle sur lisse du terrain que rien ne vient perturber.

LE DÉRAPAGE À SKI

Au bout de sa descente de dingue des jeux Olympiques de Turin 2006, Antoine Dénériaz s'est arrêté d'un dérapage sec devant un public en délire massé derrière des banderoles.
Le débutant s'arrête en chasse-neige, crapaud, pieds en dedans, cul en arrière, genoux qui se déboîtent ; alors que le dérapage : la classe, le panache – perpendiculairement à la pente, faible prise de carres, faible accroche des planches sur la neige et force s'exerçant sur le côté du ski.
Maîtrise de sa vitesse, freinage contrôlé, stop d'un coup d'un seul, net, précis, qui tranche dans le vif ; je descends à toute berzingue, je suis une fusée et le

quart de seconde d'après, dans une gerbe de neige – au passage, j'en profite pour arroser les copains –, arrêt braquage sans même freinage, la tranche acérée de mes skis cisaille la montagne, je me tiens immobile, je regarde avec satisfaction la pente que je viens de dévaler, je ne montre pas que je suis essoufflé, je savoure – champion olympique, s'il vous plaît.

Le skieur qui s'arrête en dérapage ne s'arrête pas (s'arrêter, tout le monde sait faire, suffit de se laisser tomber) : il dépose une gerbe. Tire sa révérence, salue son public, chapeau bas, à la fin de l'envoi, je touche ! Il est un Cyrano, un mousquetaire, un torero qui, menton au ciel, plante ses banderilles dans le dos de la bête et pousse le cri de la victoire et de la délivrance.

Totale frime, superstyle. Tout bénef : utile, beau, racé et élégant, les filles adorent. Mais attention, ça s'apprend, au moins niveau troisième étoile, avec un mono qui skie comme Aldo Maccione. Aldo a inventé la meilleure façon de marcher, le dérapage est la meilleure façon de s'arrêter à ski : efficace, radical, classieux. Rouler des mécaniques, là-haut sur la montagne.

L'ALIMENTATION DU CYCLISTE

Une fois calé sur sa selle aux fins d'aérodynamisme (voir La position de vitesse du cycliste), une fois relevé en danseuse dans les premiers mètres d'une ascension au long cours, voilà le coureur parti pour des kilomètres de pédalage métronomique. Et s'il passe parfois d'une position à l'autre, s'il arrive qu'il en adopte une pendant un bref laps (décollant par exemple les fesses de la selle pour placer un démarrage foudroyant, art où Jan Ullrich excella autant que dans celui de la peinture sur soie), ces réajustements ne sauraient avoir valeur de gestes à proprement parler.

En cyclisme, la notion de gestes ne concerne que certaines opérations périphériques à l'effort athlétique qui est au centre de ce sport, et son enjeu presque exclusif :

– changement de braquet (d'un petit coup de pouce à peine perceptible, surtout dans la position du contre-la-montre sur plat – il faudrait voir si certains compétiteurs sont connus pour être à ce jeu plus habiles et virtuoses que d'autres) ;
– freinage avant le lacet d'une descente de col (le plus tardif possible) ;
– esquive de l'eau glacée dont s'apprête à asperger le champion le spectateur d'étape de montagne déclaré « imbécile » par toutes les générations de commentateurs du Tour ;
– doigt levé pour appeler le directeur sportif jamais loin derrière – besoin d'un conseil ou d'une roue valide ;
– jadis coup de peigne digital et remise de la casquette avant de franchir la ligne d'arrivée en vainqueur solitaire.
La liste n'est pas exhaustive. Y manque un moment de la course qui mérite qu'on le distingue entre tous. Cela pourrait être l'attrapage de besace au moment du ravitaillement. Ce sera plus précisément l'alimentation dans le vif de la course.
On dit bien : dans le vif de la course. C'est important. S'il ne s'agit que du casse-croûte pépère des lendemains d'étape alpine, quand le peloton s'est entendu pour ne lancer la course qu'à trente bornes de l'arrivée à Mulhouse, aucun intérêt. C'est tellement plus épatant si le coureur est en plein effort, échappé seul ou avec d'autres, et que chaque barre de céréales extraite de son dossard signifie quelques précieuses secondes perdues, mais que précisément il escompte récupérer au triple grâce au potentiel énergétique ingurgité. Ce qui est beau, là, c'est, au plus fort du rush hors d'haleine, cette capacité du cerveau à demeurer autonome par rapport à l'usine des muscles en surchauffe pour produire ce calcul lucide. Beauté des deux choses à la fois, et du sport

lorsqu'il ne veut plus trancher entre les forces intellectuelles et physiques. Tête et jambes.
Dans cette statique ubiquité, quelque chose aussi de la force tranquille du cow-boy. Beauté virile, si est viril celui qui a toujours autre chose à foutre. Autre chose à foutre que s'arrêter déjeuner sur une aire d'autoroute, avec pliants et glacière. Pas une chochotte, pas le temps. Un Milan-San Remo à gagner, ou une jeune fille à arracher des bras d'un Cheyenne patibulaire.
Ainsi, dans le seul geste de porter à sa bouche haletante l'aliment salutaire, se cristallise tout ce qu'il reste d'improbabilité épique à un sport gangrené d'année en année par la rationalité scientifique.

L'EXPRESSION DE LA JOIE AU FOOT

C'était il y a longtemps.
Il y a bien longtemps, ils couraient.
Ils couraient, sautaient, se roulaient à terre même boueuse, s'agglméraient en meute joyeuse de chiens, de chiens fous, de chiots, forcément fous puisque chiots (animal et enfant dans une même chose donne un fort ratio de folie), c'était au sens propre une explosion de joie, un débordement. Un emportement du corps incontrôlé vers et contre d'autres corps frères incontrôlés, un déchaînement obligé des forces de frottement : quelque chose d'inélégant, de brusque, de maladroit qui donnait une piètre image du sport, ah ça, pain béni pour le mépris littéraire. Des animaux en somme, ils étaient comme des animaux.
C'était une telle explosion que ça pouvait sembler trop, du chiqué cette danse électrisée, course vers l'autre mais qui, une fois à l'autre parvenu ne suffit

pas, l'autre qu'alors on cogne, sème, rejoint, effleure, enlace, rate, rejoint et tout s'achève en mêlée, en mélange – puisque aller au contact (dans la lutte, dans l'effusion, dans le rut) d'un corps autre est toujours le dernier recours, la seule issue qui vienne au corps explosant.

Et puis, un jour – quand ? –, le geste a changé. Changement difficile à dater, mutation certainement progressive. Me revient Thierry Henry, Coupe du monde, juin 1998, son premier but d'une longue série sous maillot bleu : la balle encagée, il se rue au coin du terrain, s'arrête au poteau de corner, où, précisément, il s'arrête, poteau de corner tenu comme un sceptre, le champion adoubé par lui-même (et par la tempête de flashs autour, sans laquelle l'image me serait venue mais pas re-venue, n'aurait pas fait série, ne se serait pas en nous imprimée). Geste arrêté pour image arrêtée. Est-il le premier à ainsi de sa joie faire geste canalisé, fabriqué – d'une rivière faire des jeux d'eau ?

Il y a le doigt de stupeur posé en travers des lèvres de Thuram en demi-finale, doigt sincère de stupeur sincère (mais qui sitôt posé sur lèvres se trouve sitôt punaisé dans notre album-photos mental).

Il y a eu, depuis, d'innombrables variantes. Des plus béates – bébés portés, pagaie ramée, chenilles ridicules (mais rejouant le collectif) – aux plus crâneuses : le Français Pascal Nouma, exilé en Turquie, y fait scandale en se fourrant, dans la foulée d'un de ses rares buts, la main aux parties, regard torve d'affront au public ; l'Anglais Robbie Fowler en arrêt sur la ligne blanche pour la sniffer. Porno et coke en parfaits symboles d'egotrip, pour enterrer jusqu'au souvenir d'une joie collective.

Sans doute qu'à force de se mouvoir sous l'œil de mouche d'une caméra globale, leur geste de joie s'est-il imprimé dans l'air décomposé, en suite d'images arrêtées, reprise des chronophotos d'Étienne-Jules Marey au XIXe siècle. Rêve (rétro) futuriste d'un corps machine, objectif, contrôlé : je maîtrise, je m'agis, à distance, je joystique, je me vois faire, je me contemple, avec vous. Tous égaux dans l'admiration de mon corps vainqueur.

LE CRI DES TENNISWOMEN

Jusqu'à lui, le tennis se jouait comme on fait la révérence à Wimbledon devant la duchesse de Kent – avec une certaine idée de l'élégance. Quelque chose de René Lacoste perdurait dans ce sport. Puis Nick Bollitieri a commencé de sévir, et la geste du tennis en a été radicalement changée. *Id est :* un cri est venu déchirer le ciel de chaque échange. Non pas le cri de victoire qui vient du poing et suit immédiatement le coup gagnant, mais un cri en provenance du ventre. Qui fait sourire d'abord, tant il est obscène, avant de crisper – et c'est le but – jusqu'à l'écœurement. On n'entend plus que ça bientôt, on finit même très vite par ne plus rien voir et ne faire plus qu'entendre. Des cochons sauvages traversant un fumoir de gentlemen anglais. Un éléphant barrir en pleine messe d'enterrement. Une grue qui s'envolerait complètement ivre.
Un cri est venu déchirer le ciel de chaque échange, et personne n'a su quoi faire. De cette chose, incongrue. Qui laisse tout le monde coi. On se regarde gêné. Quand, le premier, André Agassi est entré en jaune fluo sur le court, le tennis anglais a su prendre les mesures idoines. Mais, face aux protégées de l'Américain, l'arbitre ne dit rien car le règlement ne dit rien non plus, à ce sujet, et il rechigne à légiférer. Donc le travail d'usure a commencé. Celles qui ne hurlent pas ne sont pas passées par l'académie de

Nick Bollitieri, elles ne font pas partie de son écurie disent les journalistes, et elles vont perdre. Oies blanches vaguement sur la photo qui précède les premiers échanges, oies blanches pleinement au moment où du corps a pénétré dans ce sport trop léché. Qui se jouait en Lacoste et en gestes millimétrés de puissance contenue. Où la jupette était de rigueur et immaculée – encore aujourd'hui à Wimbledon, les tenues chamarrées sont malvenues ou interdites. Et malgré ce blanc virginal à toutes imposées, du bas-ventre de quelques-unes monte un cri d'orgasme. Je croyais que le stricker (le type qui pénètre à poil sur un terrain de foot – seul moment de Stade 2 où Robert Chapatte s'ébrouait, émoustillé par ces images qui nous viennent d'Angleterre) était une prérogative britannique. Mais non en fait.

LE SAUTILLEMENT AU TENNIS

Au tennis, on sautille. Entre deux échanges, petits sauts sur place, petite course immobile d'un pied sur l'autre, un qui chasse l'autre, sur l'avant du pied, qui décolle à peine du sol, presque sur la pointe, juste le talon qui se soulève, pied droit vers la droite, pied gauche vers la gauche, sautillement latéral. Les genoux sont fléchis, la nuque est souple, tout le corps est relâché, épaules qui tombent, bras qui pendent et raquette qui pend au bout du bras. Sautillements d'attente, d'échauffement, de concentration, de détente – des muscles, du cerveau. Amélie Mauresmo : tout en puissance et détendu. Mary Pierce : plus crispé.

Puis le sautillement se raidit un poil, se concentre : en face, on s'apprête à servir ; fait rebondir sa balle une fois, deux fois, trois fois, regarde alternativement le sol, la ligne de service, son adversaire – dans les yeux. Et en face l'adversaire qui sautille, cette fois la raquette tenue à deux mains, Corretja est en position de réception de service. Buste vers l'avant, raquette devant soi, mains jointes, un sautillement puis immobile puis se balance à peine d'un pied sur l'autre ; en face fait rebondir sa balle, ne se décide pas à servir, le sautillement reprend puis s'interrompt, haché, ça dure quelques secondes, des heures pour le joueur acculé, des heures pour le spectateur au moment du tie-break. Action en attente et qui va repartir de plus belle.

Le sautillement au tennis a plusieurs vertus, mais qui tiennent toutes à la nécessité de rester dans le jeu quand celui-ci s'interrompt, quand le geste est suspendu, quand plus aucune balle ne franchit le filet. Ne pas se laisser happer par les temps morts. Ne pas casser le rythme.

Le sautillement permet, on l'a dit, de détendre le corps, les muscles, permet d'évacuer le stress, la tension, de lâcher la pression, vertu qu'on lui connaît dans de nombreux sports. Récupérer. S'échauffer aussi, mais plus encore rester chaud. Éventuellement agacer l'œil de l'adversaire qui se prépare à servir : 1984, finale de Roland-Garros, Lendl qui gigote devant le regard plissé et absorbé de McEnroe au service. McEnroe déconcentré, excédé, agité, et bientôt effondré.

C'est bien au moment du service de l'adversaire que le sautillement prend toute sa mesure, qu'il révèle son efficacité. Être déjà en mouvement, afin de partir plus vite, de démarrer au quart de tour, d'être le plus tôt possible sur la balle, réactif. Initier le mouvement, imprimer au corps ce mouvement qui n'est pas encore mais qui devra être, là, dans une fraction de seconde, quand la balle de service à toute berzingue m'arrivera dessus, et qu'il faudra répondre, frapper, renvoyer, attaquer. Pour ne pas perdre de ce temps précieux à mettre mon corps en branle, à l'arracher à la terre battue. Je bouge déjà, je renvoie mentalement la balle. Au tennis plus que dans nul autre sport, les gestes sont exécutés avant de l'être.

DAVID CAMPESE

FABIEN BARTHEZ

R. D. FOSBURY

ANTONIN PANENKA

AMARA SIMBA

HOMMES FAITS GESTES

TOUT AU BOUT OU PRESQUE DU PROCESSUS DE SPÉCIFICATION, UN GESTE DEVIENT LE PROPRE D'UN SPORTIF ET D'UN SEUL, SOIT QU'IL EN PROPOSE UNE VERSION TRÈS PARTICULIÈRE VOIRE PARFAITE, SOIT QU'IL EN INVENTE TOUT SIMPLEMENT UN. TRÈS LOGIQUEMENT, IL ARRIVE QUE CE PROCESSUS SOIT COURONNÉ D'UN NÉOLOGISME FABRIQUÉ À PARTIR DU PATRONYME DE L'AUTEUR. S'OUVRE ALORS UN TEMPLE OÙ PEU PÉNÈTRENT ET REPOSENT : CELUI DES NOMS DEVENUS COMMUNS À FORCE D'ÊTRE EXCEPTIONNELS.

LE REVERS D'EDBERG

L'épaule droite se baisse, parfaitement en ligne avec la jambe légèrement avancée, le bras droit part loin derrière, se colle au buste qui pivote en mesure, le gauche accompagne, équilibre, position de l'archer qui prend le temps, ajuste sa cible, et la flèche part, le bras se détend comme un ressort, le mouvement va de soi, naturel, tout le corps est mis en branle, entraîné vers l'avant, le bras gauche, derrière, fait balancier, le droit s'est déplié, termine « en drapeau », pose triomphante, déjà le filet est là, à deux pas, les genoux sont fléchis, les fesses sur coussin d'air, bien en place, à l'aise, la balle arrive, le bras part sur la gauche, le poignet est ferme, la volée claque, le point est fait – c'est tout simple.

« Joue-le à une main, pour voir… » lui dit Percy, un jour. Stefan l'écouta, et il sortit du rang. On connaît la légende : Edberg, le serveur-volleyeur venu du pays des crocodiles glacés, nordiques jusque sur le court, campés derrière la ligne de fond. Stefan est la bête curieuse, l'anomalie. Pas son truc pourtant, pas du tout. Stefan ne cherche pas à se distinguer, c'est un Suédois normal : grand, mince, discret, voire terne, blond, voire fade. Vraiment pas le genre à se mettre en avant. Mais Stefan se fit violence. Il est finalement logique qu'il ait fait du revers son coup de maître.

« Mais si, vas-y ! À une main, allez ! » s'impatientait Percy. Le jeu s'accélérait, le physique prenait le pas sur la technique, il fallait frapper plus vite et plus fort, abréger les gestes, peser sur la balle. « Puissance », « explosion » tels étaient les mots d'ordre. Deux mains n'étaient pas de trop pour frapper un revers. Stefan fit comme les autres, c'était la norme, c'était comme ça. Jusqu'au jour où…

« Une main, je te dis ! C'est pas compliqué quand

même ! » fulminait Percy. Edberg le Danseur, l'esthète dans un monde de brutes… L'étiquette est fallacieuse. Stefan n'était pas un génie, pas un artiste. Plutôt un artisan. Premier de la classe mais pas surdoué. Celui qui en a bavé, qui a bûché, trimé, bossé. Après un point perdu, il refait le geste dans le vide. L'air appliqué, sévère. Appliqué, il a fallu l'être pour apprivoiser le revers à une main.
« Tu vas y arriver, essaie encore, c'est simple… » l'encourageait Percy. Simple n'est pas facile. Fille facile n'est pas simple, et vice-versa. Avec McEnroe, le béni des dieux, tout semblait facile. Le jeu de Stefan, le laborieux, paraissait simple. Rien de plus simple que son revers, de plus naturel – un bras qui se déplie, voilà tout. Edberg ou le charme suranné d'un certain classicisme : simplicité, sobriété, naturel, ni trop ni trop peu. Incarnation tennistique de ce qu'on nommait jadis le sublime.
Stefan devint Edberg le jour où Percy Rosberg lui conseilla de lâcher la main gauche. Stefan faisait ce qu'on lui disait, appliquait les règles.
C'était un garçon poli.
Tous les diamants le sont.

LE PAS DE L'OIE DE DAVID CAMPESE

L'emblématique ailier australien David Campese (101 sélections, 64 essais inscrits entre 1982 et 1996) rénova le bestiaire rugbystique en inventant une figure hybride qui devint, en quelque sorte, sa contribution personnelle au jeu offensif. Les commentateurs baptisèrent celle-ci « pas de l'oie », pour son analogie douteuse tant avec le pas militaire du même nom qu'avec la démarche peu gracile de la volaille éponyme. Le génial trois-quarts wallaby greffa, ainsi, au blason porté sur son maillot le motif mobile de l'emplumée qu'on gave : jouant, l'homme peut donc être un kangourou qui fait l'oie.

Pour faire advenir un tel mutant, Campo ralentit sa course balle en main, redresse le buste, bombe le torse (qui veut faire la bête fait le fier) et lance la jambe en avant comme pour engager une foulée démesurée, avant de réaccélérer dans la même direction. Le défenseur se trouve dès lors contraint de faire face à un changement d'appui inacadémique et désarçonnant, car ce qui frappe, chez ce

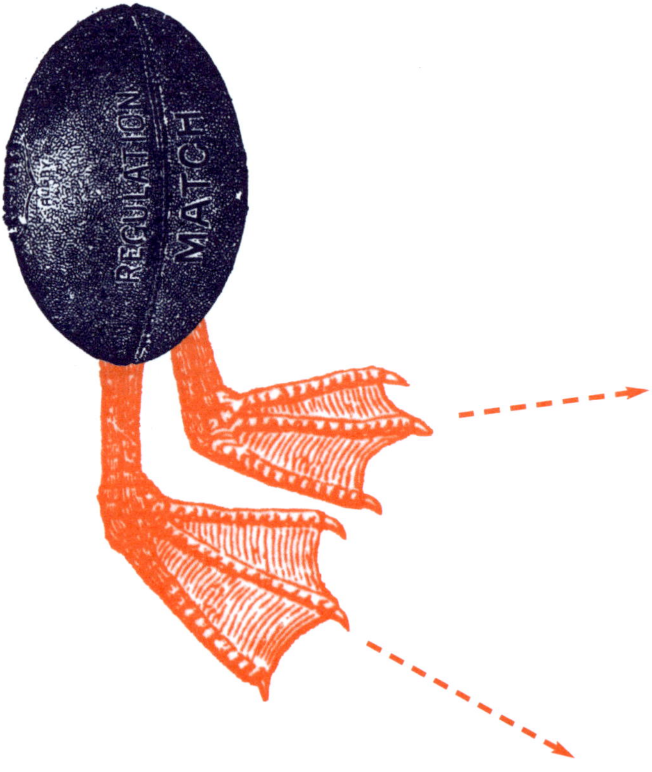

joueur d'une grande élégance, est précisément la disgrâce soudaine, grotesque et volontaire que subit sa course. Qui plus est, c'est la relative inutilité de cet ersatz de feinte (feinte qui se feinte elle-même, pourrait-on dire), qui la rend d'autant plus surprenante. Comprenons bien ce paradoxe : le pas de l'oie de Campese est rendu efficace, en tant que feinte, par son inutilité même, qui trouble le plaqueur habitué aux crochets, aux cadrages-débordements, aux changements d'axe brutaux et autres audaces déstabilisatrices. Sur la fin de sa carrière, Campese ne pouvait s'empêcher d'outrer quelque peu la réalisation de sa propre feinte tant de fois répétée, lui conférant ainsi une théâtralité presque parodique. Ses derniers pas de l'oie ne furent pas dénués d'humour. L'imitation, depuis, perdure : les rugbymen du Pacifique, notamment (à commencer par les Fidjiens), prisent aujourd'hui fort cette feinte de corps transgénique.

LE CŒUR DE KUERTEN

Si l'on parle volontiers des joueurs de tennis à travers leur comportement sur le court, on s'attarde encore plus volontiers sur les têtes de con, qu'elles soient géniales (John McEnroe) ou surévaluées (Marcelo Rios). Les mouvements d'humeur, l'impatience ou l'agressivité dans les conférences de presse donnent l'occasion aux journalistes de décerner chaque année un prix Citron dont le second nommé fut le lauréat régulier, et dans une moindre mesure André Agassi ou Jimmy Connors. Tout naturellement, la courtoisie amuse moins le public, à moins qu'elle ne se transforme de manière délibérée en relation fusionnelle. Le triple vainqueur de Roland-Garros Gustavo Kuerten a illustré par un geste naïf l'histoire d'amour qui s'est tissée entre lui et les spectateurs de la porte d'Auteuil en 2001. À chacune de ses victoires, il a tracé un gros cœur sur la terre battue en hommage à ceux qui étaient de plus en plus nombreux à le soutenir. On peut y voir un côté neuneu vaguement dégoûtant ou une démarche marketing. On peut aussi arguer du caractère essentiellement sympathique de Kuerten, Brésilien affable, souriant, voire extatique par moments.

Il y a des sportifs qui se signent à tout bout de champ, remerciant le Seigneur de leur avoir donné la force – les Brésiliens sont coutumiers du fait. Mais Kuerten, alors qu'il allait amorcer le lent déclin de sa carrière sportive, a inauguré une coutume qui eut peut-être comme effet secondaire de le mener jusqu'à la victoire. À chaque fin de match, alors que les tennismen ont hâte de remballer leur barda et d'aller revigorer un corps détruit, Kuerten s'attardait sur le court et signait sa victoire par le symbole le plus cucul mais le plus universel qui fût. Un pari, car il eût suffi que le Brésilien perdît

trop tôt pour que l'image le tourne en ridicule aux yeux de l'histoire du sport. Une allégeance, aussi, car Kuerten reconnaissait ainsi l'importance du public et promettait de lui devoir tout en cas de réussite finale. Personne n'a jamais osé refaire ce coup-là. Et personne n'a jamais autant remis son talent dans les mains d'autre chose que le travail acharné ou la force divine. Il était somme toute question d'une transgression dans cette petite parade amoureuse : désigner le public en s'adressant à lui aussi franchement, c'est dépouiller la dramaturgie sportive de l'un de ses mystères. Et avouer mine de rien que le talent ne parle pas s'il s'abstrait de l'entité réelle réunie dans les gradins.

LE SHORT RELEVÉ DE BARTHEZ AU MOMENT DU PENALTY

Finale de la Coupe du monde, 9 juillet 2006, Olympiastadion de Berlin. France-Italie, 1-1, prolongations, toujours 1-1, c'est l'heure des tirs au but, Zidane s'est expulsé, les Français sont sur les nerfs, Barthez se prépare, concentré. Et short relevé. C'est son truc à lui, systématique. Nervosité du gardien qui tire sur ses vêtements comme un enfant anxieux et impatient.

Quand Barthez remonte les bords de son short, on lui voit le haut des cuisses, parfois les adducteurs, lisses et imberbes comme son crâne. Barthez aime être à poil. Les spectateurs assis derrière les buts aperçoivent alors la ligne du bas des fesses ; et les filles pouffent. Barthez short relevé, échancré, en slip, en string si c'était possible, une vraie gonzesse, « j'vous fais le maillot ? ». Tendance exhibo du gardien, crâne à poil, cuisses à l'air.

Au moment des tirs au but, Barthez est engoncé,

mal dans ses fringues, coup de chaud, si seulement il pouvait tout s'arracher, le short et le reste, être totalement libre de ses mouvements. Ce short trop long, trop bouffant, trop de tissu qui gêne le plongeon, le grand écart, le saut. Équipement peut-être inadapté à celui qui doit bondir, se jeter sur le ballon. Un short moulant cycliste ferait sans doute mieux l'affaire.
Autre hypothèse : geste superstitieux, conjuratoire ; pas loin de celui de Laurent Blanc embrassant le crâne du même Barthez avant chaque coup d'envoi. Pourquoi pas relever son short pour se porter chance ? Sur l'ensemble de sa carrière, on peut le dire, ça a plutôt bien marché.

Et si ça a bien marché, c'est que Barthez est un retrousseur de short. Un type qui remonte son short comme on se retrousse les manches, d'un air décidé et conquérant : « Allez, au boulot. » Grosse pêche, cœur à l'ouvrage.
Le 9 juillet 2006, Barthez a retroussé son short comme jamais, mais a encaissé les cinq penalties, de Pirlo, Materazzi, De Rossi, Del Piero et Grosso. Le gardien français a sans doute amèrement regretté de ne pas se l'être arraché, ce putain de short qu'est putain de pas pratique.

LE OLLIE

Alan Gelfand est né en 1963 à New York. Il commence le skate à onze ans. À treize, il remporte le championnat de skateboard de Floride du Sud. À l'époque se construisent les premiers parks. Alan, surnommé Ollie par ses potes, y passe sa vie. Tout baigne. Ollie ne donne pas rendez-vous à ses potes, on sait où le trouver.
Été 1977, Ollie est au Solid Surf Skate Park à Fort Lauderdale. Stacy Peralta aussi. Qui n'oubliera jamais ce qu'il a vu. Un skateur en l'air sans les mains. Ollie sautait avec sa planche en tapant l'arrière du pied droit. Pour la première fois de l'histoire on ne s'élevait plus en faisant un boneless, c'est-à-dire en tenant la planche avec les mains et en tapant du pied au sol. Alan Gelfand venait de donner naissance à la figure (trick) la plus célèbre de ce sport, matrice d'une multitude d'autres. Il inventait la possibilité d'un saut autonome. Alan Ollie Gelfand pratiquait son trick sur des rampes. Rodney Mullen adapta le mouvement en flat (« terrain plat »). Il déclina génialement le ollie en inventant pendant le saut de faire vriller la planche

autour de son axe longitudinal. Ça s'appelait le ollie flip, ou ollie kickflip, simplifié aujourd'hui en kickflip.
Ce mouvement inaugural inventé par Alan n'en finit pas d'être disséqué par les adeptes, sur Internet, grâce à des vidéos, des images décomposées, des descriptifs, des conseils de réalisation. Il y est question du fléchissement des jambes, de la position des pieds, de l'impulsion que l'on donne, du pied avant qui doit gratter le grip de la planche, du pied arrière que l'on doit penser à relever, puis à remonter, plier les jambes avant de « replaquer », c'est-à-dire de se récupérer. Toutes les figures sont ainsi commentées. Chaque mouvement original a sa vidéo et sa nomination propre (le plus souvent une combinaison de termes techniques, tel le frontside ollie 180). Mais pareille glose est paradoxale. Voyons pourquoi.
Trick signifie « astuce ». Une figure est une astuce réglée. Le trick est un geste reproductible. Il peut être conçu indépendamment de sa réalisation (certains tricks ont une existence théorique qui précède leur éventuelle réalisation : le boson de Higgs). Alors qu'un geste reproductible est un oxymore. Le geste est en deçà ou au-delà du descriptible. Il n'est plus ou moins que l'ensemble de la figure. Il est l'astuce dépouillée de son règlement, l'image que l'on ne peut arrêter, le ralenti que l'on ne peut régler. Un geste, ça va toujours trop vite. Un rider vient de sauter une borne. Je n'ai pas eu le temps d'identifier le trick, je nommerai plus tard, me reste sur la rétine l'image que la planche lui collait aux pieds tandis qu'il était assis sur l'air, et, dans l'élégante suspension de l'accroupissement en fin de saut, le regret de sa beauté fugitive.

LE FOSBURY

Le fosbury intéresse en tant que technique révolutionnaire, et 1968, qui vit l'homologation circonspecte de ce saut lors des Jeux de Mexico, n'y est pour rien : la révolution siège dans la nature même

du mouvement qui entre alors dans la nomenclature internationale du sport, elle siège dans la rupture qu'il induit, dans le nouveau régime de saut qu'il met en place, dans la progression qu'il engendre.
Malgré la controverse historique sur l'identité de son inventeur – un cliché de 1963 atteste du franchissement dorsal de la barre par un athlète américain, Bruce Quanda –, le fosbury, ou fosbury flop, est resté la technique de saut en hauteur élaborée par Richard Douglas Fosbury durant ses années d'études à l'université de l'Oregon, laquelle, peaufinée, majora si bien sa propulsion verticale qu'il culmina à 2,24 m lors des Jeux de 1968, empocha la médaille d'or, enfin baptisa ce geste de son nom tout juste auréolé de gloire.
L'idéologie dominante – après les abandons successifs du saut en ciseaux et du rouleau costal – est alors le western roll ou rouleau ventral également dit « californien » : l'athlète prend appel sur le pied intérieur le plus proche de la barre, opère une reptation du corps et enroule la barre en regardant vers le bas. Fosbury inverse l'ordre de la question, en décale radicalement l'angle d'attaque : il sautera la barre de dos, en regardant vers le haut, vers l'univers cosmique. Dissident, ostracisé, il ne bénéficie pas des entraînements de l'équipe nationale et, seul, met au point son programme d'action comme on se prépare à la prise du pouvoir. Le modus operandi tient en trois temps :
Phase 1 : fomenter le coup, autrement dit la course d'élan, trajectoire incurvée permettant d'approcher la barre par le côté afin de lui tourner le dos à l'impulsion ; cette courbe résulte d'un calcul millimétré puisque censée conduire l'athlète au point optimal du décollage, au terme de foulées rapides, l'objectif étant de libérer lors de l'impulsion l'énergie cinétique acquise lors de la course.

Phase 2 : l'insurrection, c'est le saut d'appel – il s'agit de frapper vite et fort. Le fosbury dédaigne le pied intérieur, voit ample et large, il rassemble, c'est le pied extérieur qui est utilisé pour faire levier tandis que les bras sont lancés à la verticale dans un mouvement rapide et vigoureux ; l'épaule intérieure est maintenue en hauteur ; la jambe intérieure est fléchie à mi-hauteur de la barre, le genou en angle droit, la cuisse parallèle au sol, alors l'athlète opère la torsion fondamentale qui conditionne la réussite du saut – les épaules sont à 90 degrés par rapport à la barre quand les hanches se réorientent à 45 degrés.
Phase 3 : s'organiser – vol et réception. Le pied d'appel a décollé à son tour, le genou de la jambe intérieure est remonté au niveau de la barre ; la tête passe la première, le dos est arqué, les épaules rejetées en arrière ; une fois que les hanches ont passé la barre, les jambes cassent au niveau des genoux, les bras s'écartent en croix de par et d'autre du torse, les jambes entraînées basculent à la verticale et enfin passent la barre. La chute se fait sur le dos. La barre demeurée fixe, il se peut que le champion hurle sa joie.
Le fosbury est une révolution épistémologique. Il invite à opérer une sécession de la pensée et à changer de système, à renverser l'ordre établi, à réorienter le corps dans l'espace comme Copernic fit pour les planètes, à gagner des yeux derrière la tête, à penser par le haut.

LA PANENKA

Rare geste de football à porter le nom d'un joueur sans ajout d'un suffixe (voir La papinade), la panenka est mondialement connue, penalty en

feuille morte placé au centre de la cage, trompant un gardien déjà couché par anticipation et qui semble par là même esquiver le ballon plutôt que viser à l'attraper.
On sait peut-être que cette figure de style porte le nom d'un international tchécoslovaque qui s'illustra aux Bohemians de Prague dans les années 70. On sait moins que le prénommé Antonin inaugura cet audacieux contre-pied en finale d'un championnat d'Europe (celui de 1976), et pour conclure victorieusement la première séance de tirs au but de phase finale, s'il vous plaît, et devant Sepp Meier, l'impressionnant goal de la non moins impressionnante RFA de l'époque, parfaitement madame.

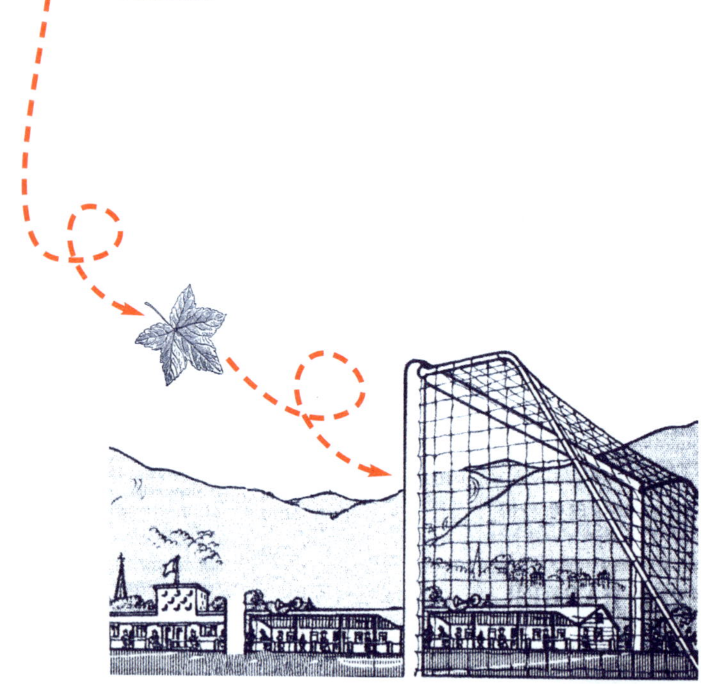

Peut-être ce diable d'Antonin avait-il expérimenté à l'entraînement la divine ruse qu'il réitérera à plusieurs reprises et toujours avec succès. Peut-être même l'avait-il déjà osée en plein match, mais c'était hors caméra, lors d'un peu glamour et sans doute hivernal Prague-Bratislava ou que sais-je ? Toujours est-il que c'est au moment où tout commandait d'aller au plus sûr, au plus facile, au plus statistique, que Panenka gagna sa substantivation, comme jadis M. Eugène Poubelle.

Était-il fou, l'ami Antonin, ou au contraire si sûr de sa technique qu'il lui semblât le plus rationnel d'opérer ainsi ? En tout cas la panenka ne s'est jamais départie depuis, et pour cause, d'un doux parfum d'insolence. La tentant, il semble que le tireur veuille humilier le gardien en plus de simplement le tromper. L'humilier, et peut-être lui signifier quelle bêtise c'est de précipiter son plongeon, quand le plus simple serait de ne pas bouger et de recevoir dans ses mains la feuille doucement offerte, gros malin.

Pareil raffinement dans la motivation explique que son usage revient en priorité aux esthètes du jeu, à ceux qui semblent requérir autre chose que le seul résultat, et c'est sans doute en ce sens qu'un Zidane bientôt retraité en usa en finale de la Coupe du monde, face à la muraille Buffon. C'est sans doute pour cela que ne fut pas pardonné au Nantais Mickaël Landreau de l'avoir osée en finale de la Coupe de la Ligue 2003, contre Sochaux. Qu'un gardien conclue une séance de tirs au but, cela seul est propre à irriter le joueur de champ, mais qu'en plus il se prétende, par une feuille morte, le contraire du bourrin à pieds carrés qu'il est, voilà qui est proprement insupportable. Quoique, en l'occurrence, il soit à peu près sûr que la chose serait passée comme une feuille à la poste si l'entreprise de Landreau avait été couronnée de succès, donnant au FC Nantes Atlantique un titre précieux en temps de disette. Le problème est qu'il échoua à tromper de la sorte son vis-à-vis. C'est qu'il arrive à la panenka ce paradoxe que, procédant d'un rapport au jeu non comptable, elle n'est évaluée qu'en fonction de son résultat. Sublime manœuvre quand elle réussit, et quand elle rate péché d'orgueil, trahison des camarades, fiasco merdeux.

LA PAPINADE

Jean-Pierre Papin, cinq fois meilleur buteur du championnat avec l'OM, est assez grand pour avoir suggéré l'invention d'un nom commun.

Le terme « papinade » est attribué à Alain Pécheral, alors journaliste à *La Provence*, suite à la rencontre de championnat OM/Racing en décembre 1986. Ce néologisme désignera par la suite toute reprise de volée scoreuse de JPP. Par exemple, France-Belgique 1992. Au moment de la frappe, l'axe du corps de Jean-Pierre est horizontal et plane à cinquante centimètres du gazon. Tête, poitrine et ventre sont orientés vers le but, les bras équilibrent, tendus, la partie haute du corps, la main gauche fait appui sur le sol. La ceinture est pivot. Fesses et jambes, toujours dans l'axe, ont effectué une rotation de 30 degrés vers l'avant. La jambe droite est tendue pour frapper, l'autre est fléchie arrière du genou. Papinade typique.

Or, il n'existe pas de papinade typique puisque volées, ciseaux et même bicyclettes sont qualifiés de papinades. Cela impose un élargissement du champ de définition à une catégorie de gestes que l'on peut approximer par « reprise de volée acrobatique ».

Or, certaines ne sont pourtant pas acrobatiques (la patate, pied d'appui au sol à côté du ballon pour armer un coup de pied puissant) mais fulgurantes. Le champ de la papinade s'élargit donc à « reprise acrobatique ou fulgurante ».
Or, certaines papinades viennent de beaucoup plus loin que la surface. JPP, dans un rush échevelé balle au pied, perce la défense et l'atomise d'un shoot en déséquilibre spectaculaire. C'est cette énergie, cette percussion autant que le geste final qui fait la papinade en faisant grimper l'adrénaline du stade. Il faut donc encore élargir la papinade à « tir acrobatique ou fulgurant faisant se lever les supporters ». Car la papinade s'atteste là, au milieu des supporters : non plus affaire de geste mais d'envie, de niaque, voire de provocation anticonformiste. Le champ s'est encore élargi : la papinade comme « reprise acrobatique ou fulgurante, ou spontanée et non académique faisant se lever les supporters ». JPP lui-même définit par ricochet sa recette de la papinade : « Comme cela me plaisait énormément de réaliser de tels gestes, il fallait que ça devienne une habitude, que je n'aie plus à réfléchir au moment d'exécuter ce mouvement. J'ai donc effectué de longues séances d'entraînement, basées sur la répétition de frappes [...]. De nombreuses personnes étaient en fait sollicitées quotidiennement pour que je devienne un expert de la reprise. » Spontanéité toute relative. Il faut donc élargir notre définition à « reprise acrobatique ou fulgurante, ou spontanée et non académique bien que longuement travaillée à l'entraînement, faisant se lever les supporters ». À cet instant, on perçoit que la papinade n'est finalement pas précisément définissable. La papinade se sent. S'il faut absolument que le terme désigne un

geste, c'est celui de la main qui, sur le Vieux-Port, agite une spatule en petits cercles dans une marmite de brandade ou de n'importe quelle bouillade.

LA SIMBADE

Amara Simba n'a rien inventé. Le premier retourné acrobatique est attribué à Leonidas, joueur brésilien officiant à la fin des années 30 au Penarol Montevideo. Il y a donc eu des centaines de retournés acrobatiques avant Amara Simba, il y en aura des centaines après. Rien qui justifie à première vue l'ajout à la lexicologie footbalistique d'une « amarasimba », d'une « amarade » ou plus officiellement d'une « simbade ».

Pourtant, une analyse minutieuse du retourné exécuté par l'attaquant franco-sénégalais le 7 avril 1990 face au FC Mulhouse s'impose.

On appelle « roue de bicyclette » une reprise effectuée dos au but et pieds par-dessus tête. Comment un attaquant peut-il se retrouver dans une situation si peu naturelle de culbute ? Une erreur initiale a forcément été commise, soit que le passeur ait manqué de précision, soit que le placement du joueur ait été approximatif. Le réflexe de l'attaquant de race est alors de se mettre dans la meilleure position de tir possible. Il tente le retourné quand la cause est presque perdue.
Mais précisément, est marquante cette capacité de réaction face à une situation initiale d'échec. Foutu pour foutu, le joueur se jette littéralement dans le vide. Bravant la douleur possible – coccyx fendu, cul à terre –, ou le ridicule – frappe dévissée, voire pas de frappe du tout, devant un stade hilare –, il se balance et fait de son corps une catapulte aérienne. Ignorance du grotesque, quête de sublime.
Amara Simba n'était pas un attaquant très prolifique. Rarement titulaire au PSG, il en est pourtant devenu le symbole. L'année qui suivit la bicyclette de Mulhouse, la campagne d'abonnement du PSG s'appuyait sur une photo en gros plan du geste, appuyé par le slogan « PSG fais nous rêver ». Toute la tragédie de ce club est contenue dans cette affiche. Que nous dit-elle en effet ? Qu'au PSG, tout fonctionne à l'envers.
Le plan de jeu est aussi cohérent que la gestion administrative du club. Par conséquent, l'attaquant ne sera pas plus en position de marquer que le club en position de gagner. Mais il y aura toujours de la place pour la divine surprise dans le naufrage perpétuel. Paris n'aura pas une équipe pour gagner un championnat, mais une équipe de coupes ; jamais une campagne victorieuse, mais quelques batailles sublimes. Elle ne sera pas championne, mais empê-

chera Marseille de l'être. Ronaldinho attendra d'être à Barcelone pour devenir un grand, mais il sera génial sur quelques matches. Jay Jay Okocha prendra dix ans au moment même de la signature de son contrat, mais il marquera le plus beau des buts lors de son premier match contre Bordeaux. Vikash Dhorasoo perdra son football en arrivant au club, mais il lui fera gagner la Coupe de France sur un improbable tir de vingt-cinq mètres.
La bicyclette d'Amara Simba contient une signification qui la dépasse. Nous pouvons donc construire le concept de simbade qui se définira comme suit : pirouette désespérée réalisée dans une situation d'échec en vue de donner à une défaite les atours d'une victoire.

L'ARCONADA

Vingt-sept juin 1984, lendemain du trentième anniversaire d'Arconada, Parc des Princes, finale de l'Euro, France-Espagne, « une *Marseillaise* qu'on entend mal, une sueur vicelarde qui ne doit rien au temps d'étuve », décrira Platini.
Un 0-0 décevant jusqu'à la cinquante-septième minute, jusqu'au coup franc aux dix-huit mètres, après une faute indiscutable de Salva sur Lacombe. Platini tire, Luis Arconada (encore doté d'un prénom), goal impeccable depuis le début du tournoi, double champion d'Espagne, capitaine, se couche et reçoit le ballon dans le creux de ses bras.
De ce qu'il advient ensuite, coexistent deux versions. La première, celle de Platini, soutenue par Arconada lui-même, qui retire toute responsabilité au gardien et qui ferait de ce geste un coup franc direct parfait, platinien. « Après avoir posé le ballon, j'ai jeté un rapide coup d'œil pour voir où je

pouvais tirer. J'ai vu immédiatement, Arconada doit penser que je vais tirer au-dessus du mur. C'est décidé, je vais tirer en finesse. Je m'élance sans prendre vraiment d'élan. Je lifte mon tir pour contourner le mur à mi-hauteur. Arconada est sur la trajectoire. Je pense avoir raté. Mais le ballon continue à rouler et il le poursuit vainement. » Une deuxième version donne désormais à la reproduction de cette figure complexe le nom du gardien, l'assimilant à une erreur grotesque, à une humiliation.
Il y a forcément quelque chose de l'ordre du dépit, du désespoir amoureux pour toute victime et auteur d'une arconada. Cette relation intime qui prend fin, cette scission des matières, la dissociation définitive des deux corps. Ce moment où le temps n'est plus le même pour les deux partenaires. Quand l'autre s'éloigne, l'aveuglement de l'habitude provoque l'illusion physique de le sentir encore contre soi, quand il nous a déjà échappé.
Il y a une suspension du temps et du corps du gardien avant qu'insensiblement, irrépressiblement, la balle ne poursuive sa course. Le ballon s'enfuit vers la ligne de but, la franchit, malgré le sursaut tardif du gardien, sa tentative désespérée, son mouvement lamentable, sa reptation puis son déplacement à quatre pattes que le bras gauche veut soutenir tandis que le droit devance cette machine lourde, tendu pathétiquement vers le ballon rieur.
Pour qu'une erreur de gardien accède à l'humiliant titre d'arconada, il faut donc :
1. Un tireur prestigieux dont l'autorité pourrait démentir l'évidence de la faute du goal.
2. Une frappe au ras du sol.
3. L'arrêt temporaire du ballon, dans la niche, serré contre le corps du goal.
4. La suspension du temps.
5. La croyance ferme du gardien en la réussite de

son arrêt et la certitude identique du public.
6. Le cheminement taquin, insensé, dérisoire de la balle, son ironique lenteur.
7. Le sursaut stérile du portier, sa reptation.
8. Le deuxième sursaut du gardien, celui de la mauvaise foi devant l'honneur bafoué, la dénégation de l'évidence du but. « Platini a très bien tiré son coup franc ! Contrairement à ce qui a été dit et écrit, le ballon ne m'a pas échappé des mains. C'est pourquoi je ne me sens pas coupable. Le ballon avait un effet très bizarre. Il est passé sous mon corps. J'ai la conscience tranquille. » (*Mondial*, n° 58 janvier 1985).

LE MOTEUR MANAUDOU

Il y a les inventeurs et les fous du moteur. Les inventeurs inventent, les fous du moteur travaillent du moteur. Laure Manaudou est une folle du moteur qui travaille du moteur. Nom de l'engin : Manaudou. Le Manaudou est équipé de longues, tendres et musclées pales articulées. Le Manaudou carbure à l'envie, à l'amour, à la vie. Question technique, le Manaudou exige une conduite particulière. Seule Manaudou peut manier Manaudou. On dit qu'elle n'en fait qu'à sa tête, que son style n'est pas conventionnel, qu'elle a une technique de bras incroyable. C'est vrai. Manaudou fait du Manaudou. Les autres ne font pas du Manaudou car ils n'ont ni ses bras, ni ses envies. Manaudou ne donnera pas son nom à un geste mais à des libertés. Liberté, quand elle crawle, de plier le coude très tôt après le premier appui sur l'eau, ce léger arc de cercle que vous voyez grâce à la caméra sous l'eau, elle l'accélère, ramenant à toute vitesse sa main vers le centre du corps, car oui déjà elle pousse,

déjà elle se propulse, bras plié, coude à l'extérieur, elle synthétise le geste traction propulsion en une explosion de volonté. Alors c'est vrai que c'est moins pur, d'aucuns diront : « C'est bourrin, ça mouline. » Oui c'est vrai, mais nous nous dirons « ça manaudoue », du verbe « manaudouer ». Et déjà son coude crève la surface tandis que le bras opposé est à la traction, elle ouvre l'épaule pour respirer l'air, on dirait qu'elle sourit, elle sourit, elle contemple son avant-bras qui au bout de son coude se repose un bref instant de l'effort subaquatique, et elle va si vite, Laure, que ses doigts sont à la traîne, pris dans le vent, l'eau file au bout, poignet relâché, avant-bras parallèle au corps, faut emmener tout ça vers l'avant, le coude à la verticale de l'épaule, le dépli est amorcé. Manaudou, dans ce retour aérien du bras, ne fait pas du Popov, elle fait du Manaudou, elle plie le geste à son carburant intérieur, elle rase l'eau, elle rampe – *crawl,* en anglais –, sauterelle aquatique équipée d'un moteur Manaudou, elle s'en va allonger le bras devant elle, pas trop loin, vite surtout, plus vite que toutes les autres, c'est ce qui compte, dans le creux de sa paume le mot amore.

ONCE UPON UN GESTE

À LEUR MANIÈRE, LES GESTES SPORTIFS SONT CONTEMPORAINS DE L'ART ENTRÉ DANS L'ÈRE DE LA REPRODUCTIBILITÉ DES ŒUVRES. REPRODUCTIBLES, OUI. SUR TOUTE LA SURFACE DU GLOBE, ET À L'INFINI. DÈS LORS, ON DIT CADRAGE-DÉBORDEMENT, ET TOUT DE SUITE L'ESPRIT SE TROUVE EMBROUILLARDÉE PAR LA SOMME INDISTINCTE DE TOUS LES CADRAGE-DÉBORDEMENTS ADMIRÉS LORS DE MATCHES DE RUGBY DIVERS ET INDISTINCTS EUX-MÊMES. DE CETTE POIX SE DÉTACHENT CEPENDANT QUELQUES OPÉRATIONS INÉDITES ET SANS SUITE, GESTES D'UN JOUR, D'UNE COMPÉTITION, D'UN HOMME, D'UNE FEMME, ET PASSÉS À LA POSTÉRITÉ COMME TELS.

LE SAUT DE L'ANGE DE NADIA COMANECI

L'affolement enthousiaste qui salue l'apparition de la Roumaine Nadia Comaneci aux jeux Olympiques de Montréal en 1976 ne saurait se rapporter au seul 10.00 qu'elle obtient aux barres asymétriques le 18 juillet, lors du concours par appareils, quand bien même c'est la première fois dans l'histoire de la gymnastique qu'un athlète touche la note maximale et que ce 10.00 en précède six autres, empochés tout aussi sûrement. Ce qui survolte alors ne tient pas non plus à la maîtrise souveraine, ni à la perfection technique, ni à l'éclat, l'audace ou la grâce des figures exécutées lors de son programme, toutes propriétés pourtant époustouflantes et avé-

rées. Ce jour-là, ce qui émeut si fort tient à ce que vient raconter cette fille au visage grave, tête coiffée d'une queue-de-cheval que noue un simple ruban, cette fille de quinze ans qui se transforme, flirte avec les lois de la gravité et avec l'élasticité des barres. Que raconte ce corps ? Ni plus ni moins qu'un concept, celui de mouvement ; Nadia est l'intuition, la tendance pure qui traverse et articule l'idée du mouvement au sein d'un mixte d'espace et de temps. La limpidité de son exposé s'illustre dans la nature du saut qu'elle choisit en finale : un saut de l'ange, figure simple et peu difficile techniquement au regard des complexes triples sauts périlleux, lunes, yurchenkos et saltos vrillés habituellement exécutés pour impressionner le jury lors des sorties de barres. Justaucorps blanc, corps asexué, elle est l'ange en vol : entraînée par sa vitesse de rotation de la barre, elle se propulse en hauteur et en avant de la barre comme un projectile, alors se déploie en extension, les jambes jointes basculent en arrière jusqu'à ce qu'elles soient à l'horizontale, parallèles au sol, les pointes de pied sont tendues, les épaules déjetées en arrière et les bras relevés de part et d'autre du torse cambré, le dos arqué, la tête droite, le menton haut. Cette figure est l'instant privilégié qui permet de penser son mouvement, il en est l'acmé, le point tel qu'il n'en existe pas de plus haut, l'autre instant privilégié étant la fin de ce même mouvement, quand le corps rejoint son lieu-dit naturel et se réceptionne. Au cours de son programme, Comaneci donne corps à la physique d'Aristote, réalise l'idée que le mouvement associe des poses, que ces poses sont des formes, que ces formes s'actualisent dans une matière ou actualisent une matière – comme le sculpteur actualise le marbre –, que ce qui est en mouvement est la matière, que se mouvoir, c'est faire passer la matière d'une forme à une autre, se transformer, et que cette matière qui se meut est un corps fluide, le corps fluide de Nadia.

MANO DE DIOS, LA MAIN DE DIEU, MARADONA

On se dit c'était sonore, c'était jouer sur les assonances : *mano de Dios,* Maradona, ce n'était que cela, un jeu, de l'épate adolescente, de la frime insouciante. On se dit c'était pour de rire en somme, tant le geste revu ne permet pas confusion, tant l'extension du bras est visible, sur photo, sur vidéo et quel

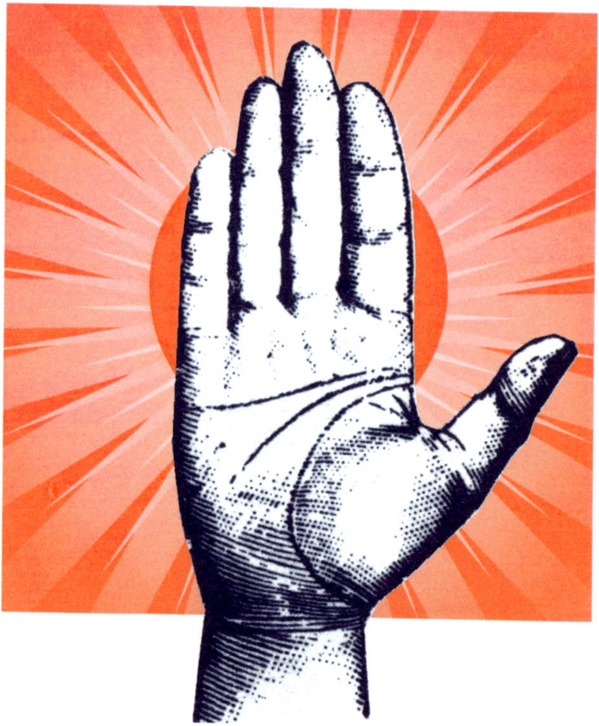

qu'en soit l'angle, vu en mouvement ou arrêté, le bras est levé comme jamais, ce bras appelle, il fait hep ! tant en somme la triche est franche – triche loyale ? L'agile mais petit Maradona, lorsqu'il reçoit, ce 22 juin 1986, le centre involontaire de Steve Hodge, fait face à un problème physique. Peter Shilton, le gardien anglais, est grand, très, Petit Diego lui rend bien vingt centimètres. Sérieux exercice de géométrie dans l'espace, à résoudre dans l'instant : il est plus grand, même de toute mon agile détente je ne le coifferai pas, il restera plus grand, plus haut, mais la balle, elle doit aller au fond, c'est comme ça, la balle, au fond, elle doit, elle ira, elle ira mais : n'ira que si je le coiffe, il me faut parvenir plus haut, il me faut devenir plus grand, pour un instant : la question posée (oui posée, même informulée, posée), c'est le corps qui la résout, il n'y a pas même à demander, c'est mathématique d'enfant : manquent vingt centimètres, mon bras en fait bien quatre-vingts, même replié, un avant-bras suffira à coiffer, effleurer fait mettre au fond, un demi-bras fait but, fait 1-0, 1-0 contre l'Angleterre, en quart de finale de Coupe du monde.
Ce geste, le but accepté et la déclaration à suivre de son auteur, *mano de Dios,* tu vois, comme évidence, c'est un détail. Ce court bras levé n'est qu'un détail, et après tout qu'est-ce qu'un bras, quand c'est au pied qu'on joue et que les pieds, on les a d'or, *pibe de oro,* tu vois ?
Et puis quoi, cette main, n'est-elle pas aussi un signe, celui du pouvoir d'anticipation, ce bras levé, en appel, vu image arrêtée, des années après, n'est-il pas bras levé de victoire, bras d'appel de la victoire, et de démonstration joyeuse, un instant rien qu'un avant le but – rançon de l'anticipation ?
1-0 contre l'Angleterre : vite on évoque les Malouines, traître vengeance, mais n'y voyez nulle part la guerre,

écoutez Maradona, n'y voyez que malice, agile malice, ruse métisse. N'y voyez que du jeu, le jeu surpasse la règle – la règle après tout, au football, n'est-elle pas conçue entière pour aider au jeu, le faciliter –, ce qui compte c'est le jeu, comme ce qui compte pour Diego, petit agile ce jour de 1986, c'est la mettre au fond. *By all means necessary,* dribbler dix joueurs adverses comme il fera vingt minutes plus tard, ou s'aider de la main (qui n'est qu'une prothèse, ne compte pas).
Et s'il la met de la main, c'est en fait qu'il la met du pied : la main vient du pied, la main finit le pied, et cette touche de balle du bout des doigts qui sont bouts de la main qui sont bouts d'un corps qui commence du pied, c'est un influx porté du bout de l'orteil, on pourrait en tracer la ligne qui ferait une courbe parfaite, le corps entier petit, agile, de Diego ne constituant qu'une étape de la trajectoire, étape et influx, une courroie de transmission : je sers en entier un mouvement dont la balle n'est que le signal, ce n'est pas moi qui décide, c'est le mouvement qui par moi transite, mouvement d'ensemble de toutes choses (dont mon corps, dont ma main). *mano de Dios,* tu vois.

LA CUILLÈRE DE MICHAEL CHANG

Ma sœur était fan de Lendl. Ma sœur est l'exception de la règle, car il n'existe pas de monde possible dans lequel Ivan Lendl aurait un fan-club. Je me souviens d'un long corps gris beige ou beige gris, d'une coiffure en brosse qui s'aplatit au fil de l'effort, d'un visage de chanteur belge à grandes dents. Un petit short carré, un polo blanc gris barré d'une ligne de losanges. On ne l'aimait pas pour ce corps sans émotion, sans colère, qui ne jette pas sa raquette.

Personne ne connaissait Michael Chang. Personne n'avait d'opinion sur lui. Petite taille, énormes mollets, short et polo plus vastes, d'un blanc éclatant, et c'est tout ce que l'on savait.

Si l'on excepte ma sœur, le huitième de finale de l'édition 1989 de Roland-Garros, à l'issue sans suspense eu égard à la supériorité du Tchèque, n'intéressait pas grand monde. Il faut dire que chacun avait perdu son favori. Mon père, Nastase, depuis dix ans ; mon frère, Connors, depuis les trente-deuxièmes ; moi, McEnroe, sur forfait avant le début du tournoi. On n'avait pas vu venir Chang, on avait laissé venir Lendl, par habitude.
Lendl abat mécaniquement les deux premiers sets, perd le troisième, indifférent aux mollets de Chang, tiraillés par les crampes. C'est alors que le Sino-Américain épuisé réalise un coup que personne n'a vu sur le moment, un coup que l'on n'a pu découvrir que grâce au ralenti. Parce qu'on ne regardait pas ça, on regardait ailleurs comme dans les tours de magie. On regardait la balle en l'air, les doigts, la main, le bras tendu, le petit corps trapu forcément en extension, sous la balle et vers le filet. Personne n'a vu le bras descendre pour accomplir le proto-geste du tennis, l'enfance de l'art : la cuillère, qu'en club on apprend vite à désapprendre pour adopter une réponse parfaite et mécanique face à chaque question posée par la balle adverse.
On n'aimait pas Lendl parce que c'était une machine, parce que ses manies étaient agaçantes, parce qu'il faisait rebondir sa balle interminablement avant son service, sous deux poignets en mousse et les sifflets excédés du public. Sur ce coup la machine s'est grippée. Pas programmée pour réagir à ça. Plantée sur place, loin de la balle qui rebondit mollement juste derrière le filet. Chang a posé à Lendl une question inédite. Quel discours lui tient-il, quels fragments d'un discours sur le jeu s'inscrivent dans les mouvements de son service ?
Il baisse son bras, il ne le tend pas vers l'arrière pour mieux le jeter au-dessus de l'épaule. Il n'offre aucune

force à l'autre, aucune matière à une réponse possible, il refuse le dialogue. Chang n'est ni McEnroe, ni Noah, il n'est pas comique ou provocateur, il offre un nouveau registre. Il oblige Lendl au pathétique, à l'impuissance. Il propose un discours stérile, celui de la souffrance pensante.
Je me souviens que personne n'exultait derrière ma sœur en larmes, devant l'émotion retrouvée du corps de Lendl, vomissant à la fin du match.

LE TRIPLE CROCHET DE PHIL BENNETT

Si le rugby a un temple, Twickenham, il eut aussi une cathédrale : l'Arms Park.
Cardiff, donc. En ce 27 janvier 1973, la cathédrale, vétuste, est pleine à craquer : le plus beau stade du monde accueille une rencontre opposant la sélection des Barbarians – cette Internationale du rugby créée à Bradford, un jour de 1890 que l'on veut croire éthylique, puisque l'idée est folle, et belle, et déraisonnable ; qu'elle sent sa fin de banquet ; qu'elle porte en elle l'irruption d'une utopie barbare à laquelle la matrice rugbystique est directement connectée – une rencontre opposant, disait-on, les Barbares bigarrés aux All Blacks, à ces anges noirs venus de l'Éden qui forment, en ce début des années 70, l'une des plus grandes équipes de l'histoire du jeu.
Mais ce jour-là le diable, sur le paradis, et ses émissaires tout de noir vêtus, vont prendre leur revanche, et le jeu lui-même s'en trouver sublimé.
Tout va partir d'un geste de barbare gallois – de diable rouge. Quand, dès la deuxième minute du match, l'ailier Black Brian Williams, d'un grand coup de pied à suivre, expédie le ballon dans les vingt-

deux mètres barbares, et que le caprice du premier rebond précipite celui-ci en direction de la ligne de but, il ne sait pas encore qu'il vient d'amorcer l'action qui s'achèvera, dans une poignée de secondes, par ce que l'on nomme encore, tout simplement, l'Essai. Mais le saurait-il, il est probable que cet excellent coup de pied qui va se retourner contre lui, dont il va s'avérer la victime, il le donnerait quand même.

Replié en couverture, lobé, le demi d'ouverture Phil Bennett, qui a l'honneur de composer d'ordinaire avec Gareth Edwards la charnière d'un Quinze de Galles que l'on appelle alors l'Orchestre rouge et, ce jour-là, avec le même Edwards la charnière barbariane, ramasse acrobatiquement ce ballon délicat, pressé dans son dos par les défenseurs Blacks rapidement montés. « C'est à ce moment, racontera par la suite l'arbitre français du match, Georges Domercq, que tout se produit. Bennett doit botter en touche. Il en a le temps, il n'a rien d'autre à faire dans sa position. Mais il ne le fait pas et le match devient fou. »

Ce sont les jambes de Phil Bennett qu'il faut regarder. La seule vivacité de sa réception élimine le flanker Black, Alister Scown, accouru à ses trousses. Son quatre ou cinquième appui est une sorte de cloche-pied, qui redresse la direction de sa course en même temps qu'il met un premier défenseur noir dans le vent (le centre J.A. Hurst – son plongeon sur rien, sur une proie qui a disparu soudain, est un modèle : il mange le gazon). Premier crochet, intérieur. Face à l'immense deuxième ligne Peter Whiting, c'est en soulignant son appui droit pour repartir vers l'extérieur, sur sa gauche, où se trouvent pourtant deux défenseurs, en faisant donc le choix le plus aberrant, qu'il esquive : deuxième crochet, réalisé comme un crochet intérieur, mais vers l'extérieur. Ici, c'est une légende qui l'attend : le troisième ligne et capitaine néo-zélandais Ian Kirkpatrick, qui lui a laissé une fausse ouverture sur sa gauche pour que Bennett puisse s'y engouffrer et ainsi mieux le découper. Le bras de Kirkpatrick monte déjà pour entamer le plaquage. Puis se rabaisse aussitôt : au lieu de prendre le trou, Bennett a reproduit le même appui aérien que devant le défenseur précédent ; il a dansé devant Kirkpatrick : troisième crochet, extérieur, en même temps qu'il arme sa passe et se projette vers le dernier défenseur black monté à hauteur, le talonneur Ron Urlich. Triple crochet sur réception et passe enchaînée : le voilà, ce geste barbare, absurde, hérésiarque en pleine cathédrale, qui fixe six joueurs d'un coup, qui donne la note et l'idée d'un match légendaire.

Car il faut, pour qu'un tel geste soit mémorable, que ce soit à l'Arms Park, dont on dit que jamais autrement que cet après-midi-là un grondement d'admiration ininterrompu ne l'habita, que ce soit contre les All Blacks de Kirkpatrick et de Sid Going, que ce soit un autre virtuose de l'Orchestre rouge, J.P.R. Williams, qui réceptionne la passe de Bennett et la transmette en pivot vers l'envolée de tous les Barbares ; il faut aussi et surtout que ce soit le meilleur joueur de tous les temps, dont la statue trône à Cardiff, le complice Gareth Edwards, qui parachève l'action, quatre-vingt-dix mètres plus loin, jaillissant de nulle part sur une passe à une main de Derrick Quinnell qui ne lui était pourtant pas destinée, plongeant au bout d'un invraisemblable débordement pour inscrire en coin l'Essai ; il faut tout cela, oui, pour que le coup diabolique de Phil Bennett, le Barbare de Llanelli, n'en finisse jamais, et que le match du 27 janvier 1973 ne cesse de faire date dans la mémoire du jeu.

LE HOME RUN VU À TRAVERS DON DELILLO

Je n'étais pas né lorsque Bobby Thomson devint une idole américaine, c'était en 1951. L'aurais-je été que cela n'y aurait rien changé : je m'ennuie dans des proportions assez homériques à regarder une compétition de base-ball – presque autant que devant un match de cricket.
Une fois seulement cela m'a captivé. Un match pourtant entré dans l'histoire pour son exceptionnelle longueur. Il ne s'y passa presque rien : le sport atteignit cette année-là un degré de précision inimaginable, débarrassé de tout geste, purement mental, aérien, et si physique. C'était en 1990, et cela dura entre dix et quinze heures – cela dépend de vous. Car ce match de base-ball vit s'affronter deux équipes : les lecteurs de Don DeLillo recevaient *Outremonde.* C'était en 1990, et le home run réalisé par Bobby Thomson en 1951 entrait une seconde fois dans l'histoire.
Home run, littéralement « course pour rentrer à la maison ». Le Graal du baseballeur. Courir pour rentrer dare-dare à la maison. Et si tu ne cours pas assez vite, tu es disqualifié, mort.
Avant cela, voici : un joueur lance la balle. En face de lui, un autre joueur, armé d'une batte, doit la frapper. S'il frappe correctement cette balle, il doit alors chercher à faire le tour (un vaste demi-cercle) des différentes bases.
Et revenir où il a frappé la balle qui – quand c'est Bobby Thomson, et quand on est en 1951 – est encore, à ce moment-là, dans le ciel de New York. Ça n'arrive pas tous les jours. L'émotion fut nationale. Si grande qu'on appela cette dernière frappe « le coup entendu partout dans le monde » (Shot Heard 'Round the World).
Mais on s'en foutrait pas mal, donc, aujourd'hui,

si le romancier Don DeLillo n'était parvenu à faire durer cette balle encore un peu, s'il n'était parvenu à l'accrocher définitivement dans le ciel de New York. La faisant tellement durer, cette balle, dans *Outremonde,* qu'il se donnerait la possibilité de raconter l'histoire des États-Unis depuis 1951 jusqu'aux années 90. Ni plus ni moins. Le home run est si long qu'il a le temps de dérouler une histoire de la guerre froide, de l'équilibre de la terreur permis par la bombe atomique, du rôle de personnages tels que John Edgar Hoover, de l'importance de la libération sexuelle et de celle du Kazakhstan.

La balle de Bobby Thomson décrit dans le ciel une courbe, un orbe, et pendant ce temps le joueur fait une révolution (la seule, la vraie, celle qui consiste à revenir à la maison). Et pendant ce temps, tout le temps de ces deux courbes interminables – l'une aérienne et l'autre à ras de terre –, l'histoire est déroulée par DeLillo en chapitres (3 octobre 1951, printemps-été 1992, du milieu des années 80 au début des années 90, printemps 1978, été 1974, dans les années 50 et 60, automne 1951- été 1952) qui sont autant de bases, de stations. DeLillo dilate le temps jusqu'à faire vivre dans l'instant de ce geste un condensé de siècle. Le geste de Thomson – sa frappe et sa course – est une sorte de trou noir absorbant tout (lumière et temps).

Le roman de DeLillo explore cet effondrement-là, structure un temps narratif qui sera aussi complexe que celui de la science. Dans *Outremonde,* il semble utiliser les travaux indiquant que la lumière parfois ne va pas droit, qu'elle peut décrire des courbes. Le home run sera la forme de cette narration, et l'occasion d'une geste (d'écriture) époustouflante. Cette fois, le coup sera réellement entendu 'round the world.

LE COUP DU SCORPION DE RENÉ HIGUITA

Le rôle de gardien de but, en Amérique du Sud, diffère traditionnellement de celui de ses condisciples européens : car en sus de préserver sa cage inviolée, le goal latino se doit aussi (et surtout) d'amuser la galerie. On a l'habitude, pour désigner les portiers s'acquittant avec la plus grande aisance de cette tâche, de parler de « joueur fantasque ». René Higuita, le très chevelu dernier rempart de la sélection colombienne du tournant des années 90, fut le

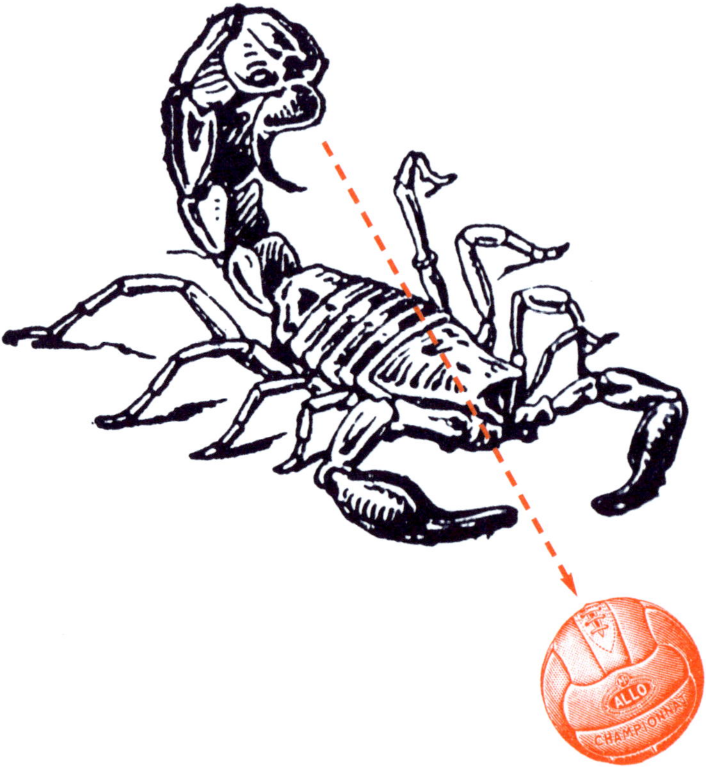

prototype de ces gardiens, aussi forts pour réaliser une parade impossible que pour commettre des bourdes retentissantes.
Il insistait pour tirer les coups francs (alors que, contrairement au Paraguayen Chilavert, il n'avait pas de talent particulier dans cet exercice), se distinguait par ses sorties acrobatiques, aimait s'avancer balle au pied dans le champ de jeu – jusqu'à se faire voler le ballon à quarante mètres de sa ligne par le Camerounais Roger Milla en huitième de finale du Mondial italien de 1990, occasionnant le but qui élimina son équipe. Son plus fameux fait d'armes demeure cependant l'arrêt invraisemblable qu'il réalisa face à l'Angleterre, lors d'un match amical à Wembley, en 1995.
Le peu technique (euphémisme) latéral droit anglais Jamie Redknapp rata complètement son centre qui prit mollement la direction des filets colombiens. Ce ballon ne représentait aucun danger pour Higuita qui, bien placé devant sa ligne de but, pouvait s'en saisir facilement. Mais au lieu de s'exécuter sobrement, celui-ci bascula son corps en avant, replia, derrière lui, ses deux jambes au-dessus de sa tête, et dégagea le ballon des deux talons joints. Exemple absolu de prouesse athlesthétique gratuite et absurde, cette étrange culbute, que l'on baptisa « coup du scorpion » pour sa ressemblance avec la danse du dard recourbé et dressé dudit insecte venimeux, valut à Higuita la contrainte de s'excuser aussitôt auprès de ses défenseurs pour le risque inconsidéré pris, de se faire très justement enguirlander après la rencontre par son entraîneur, et de faire, via les télévisions qui diffusèrent son image, le tour de monde en moins de vingt-quatre heures.
Preuve parfaite que le joueur fantasque est le complice du spectacle, l'ami du latéral droit adverse, l'ennemi de ses partenaires et le cauchemar du coach.

LE POING LEVÉ DE MEXICO

Neuf jours avant l'ouverture des Jeux de Mexico, alors que les athlètes et les journalistes occupent déjà le village olympique, les militaires mexicains répriment dans le sang une révolte étudiante et laissent derrière eux trois cents cadavres, trente-neuf officiellement. « Les Jeux, cet amical rassemblement de la jeunesse du monde dans une compétition fraternelle, se poursuivront comme prévu », déclare Avery Brundage, directeur du CIO.
Pete Norman est blanc et australien. C'est lui qui crée la première surprise en prenant la deuxième place du 200 mètres, imposant un record d'Australie encore inégalé aujourd'hui. Sur la photo du podium, sa médaille d'argent lui fait occuper le premier plan, les bras le long du corps, le regard au loin. Sur sa veste, Norman porte le badge de l'Olympic Project For Human Rights, dont la première revendication est la restitution du titre de Mohamed Ali, la seconde la démission de Brundage, suprémaciste blanc, accusé d'avoir aidé Hitler à accéder au pouvoir. Derrière lui sur la plus haute marche, Tommie Smith, qui, après une course sans effort apparent, a fait tomber le record du monde à 19" 8. Tommie Smith est noir et américain, comme John Carlos, qui arbore derrière lui la médaille de bronze.
Avant le départ de la course, avant le début des Jeux, Carlos et Smith savaient qu'ils monteraient sur le podium et le transformeraient en tribune. Ils pensaient que gagner les courses ne serait jamais une condition suffisante à la revalorisation des droits civiques des Noirs Américains, et avaient projeté de ne pas serrer la main de Brundage leur remettant la médaille.
Le jour venu, Brundage ne se présente même pas, par crainte peut-être d'approcher la bête. Mais les deux vainqueurs ont prévu une autre mise en scène,

usant de symboles. Ils retirent leurs chaussures, pour faire entendre la pauvreté des Noirs ; les longues chaussettes noires portent la parole du Black Freedom Struggle ; la veste ouverte celle des ouvriers, des underdogs ; les colliers de perles noires représentent les victimes du racisme. Le poing droit de Smith ganté et levé symbolise le Black Power, le gauche pareil de Carlos pour l'unité des Noirs, les deux bras tendus forment une arche signifiant que les deux se renforcent. Ils baissent la tête devant le lever du drapeau américain.
L'image passée à la postérité a oublié ces multiples symboles pour ne retenir que les deux poings levés gantés de noir et les yeux baissés devant la bannière étoilée. L'image devient alors la réplique et la revanche d'une autre dont il n'y a pas de trace, celle d'Hitler quittant le stade des Jeux de 1936 pour ne pas avoir à saluer Jesse Owens et ses quatre médailles d'or.
Faut-il être patriote pour participer aux J.O. ? Devant les protestations de Brundage qui menace de suspendre toute la délégation américaine si une sanction exemplaire n'est pas prise, Smith et Carlos sont expulsés des Jeux par le Comité olympique.
La Charte olympique :
Article 8 : Les Jeux sont une compétition entre individus et non entre pays ou régions géographiques.
Article 1 : Aucune discrimination n'y est admise à l'égard d'un pays ou d'une personne pour des raisons raciales, religieuses ou politiques.

Sans doute ce dernier article conduira-t-il Avery Brundage à condamner l'expulsion politique de l'Afrique du Sud et de la Rhodésie des Jeux de Munich.

LE CLIN D'ŒIL DE MANAUDOU

Quel âge a Laure Manaudou, au juste ? Dix-neuf, vingt, vingt et un ? On ne sait jamais. Disons qu'elle n'a jamais fait son âge, comme tous les surdoués de quelque chose à qui on impose un quotidien hors norme, un emploi du temps draconien – dix-sept kilomètres de longueur par jour ! Pourtant, malgré cette maturité obligée et malgré la présence dans le champ (médiatique plus particulièrement) de son Thénardier d'entraîneur, la petite Laure a comme une espièglerie qui confine parfois à l'érotisme. Un été, à l'occasion de quels championnats ? Manaudou a une fois de plus gagné et une fois de plus plié un record du monde. On l'attendrait triomphante, « violemment heureuse » comme dit Björk, et elle n'est que paisiblement coquine, adressant à qui veut bien le recevoir un clin d'œil signifiant pour d'autres : « Je vous ai vus, bien sûr. » Dans l'histoire du sport filmé, ce petit clin d'œil, c'est le regard caméra de Monika, dans le film de Bergman du même nom. C'est un défi et c'est un mouvement érotique.

On n'arrive jamais à savoir quel âge a Laure Manaudou, on sait en revanche qu'elle est belle à croquer et qu'elle sait en jouer. Le clin d'œil n'est pas fortuit, peut-être destiné à son petit ami italien, peut-être à tous les hommes de la planète. C'est à peine un geste, d'ailleurs, puisqu'il s'emplit assez peu de lui-même : pas de démonstration, pas de technique, pas de mise en scène. Un simple battement furtif pour signaler qu'on est consciente d'être l'une des plus jolies sportives en activité, d'être jeune, de plaire et d'être la meilleure dans sa spécialité. Cette maturité va de pair avec un sens de la transgression lui aussi érotique. Peut-être que quand Thénardier a le dos tourné, lisant et relisant ses entretiens dans L'Équipe ou écoutant Johnny Halliday, Laure fait le mur pour aller en boîte de nuit ou simplement rejoindre un garçon en bas de l'hôtel. Et le clin d'œil, c'est aussi pour son geôlier : je t'ai bien eu, gros malin, et je reste la meilleure malgré tout. D'ailleurs, on comprendrait qu'elle se vengeât : à longueur de déclarations publiques, Thénardier explique qu'elle plonge comme du bois mort, qu'elle pourrait améliorer ceci ou cela. On comprendrait même qu'elle décidât de se barrer, pour reprendre son destin en main, quand bien même il serait le meilleur entraîneur du monde. Mais la petite a choisi l'esquive et la ruse. Elle se bricole une libido d'enfer en bossant comme une dingue tout en laissant passer des bourrasques de désir auprès de la France entière. Une Cécile de Volanges en petit bassin, faisant mine d'observer une morale de la rigueur mais tournant les règles à sa guise.

Ce clin d'œil, c'est la rébellion espiègle des prodiges qui ont compris ce qu'était le sel de la vie. Le signe de l'infime violence qu'ils font parfois subir, sans que ceux-ci s'en aperçoivent, à des maîtres qui ne comprendront décidément jamais rien à l'état de jeunesse.

Ce texte a été écrit un mois avant la libération de Cosette.

UN GESTE COLLECTIF : LE RAPIDVIERTELSTUNDE

« Oh, Liza, ils applaudissent les touches, ici ? » À la soixante-quinzième minute du premier match de l'équipe de France championne du monde de foot-

ball, le 19 août 1998, au stade du Prater de Vienne, Lilian Thuram aurait ainsi manifesté sa surprise (c'est la version rapportée par Dominique Paganelli dans son livre Libre Arbitre, Actes Sud, 2006). Sa surprise de voir, tandis qu'il était sorti effectuer une touche, le public se lever pour applaudir. Non pas une classique ola (*Welle,* en allemand) se propageant dans le stade par un mouvement circulaire, plutôt un mouvement simultané de l'ensemble du public, accompagné d'un applaudissement constant et rythmé, pendant environ une minute.
On a cru pouvoir expliquer ce phénomène par une commémoration : le public du Prater était, ce jour-là, constitué de nombre de supporters du Rapid Vienne, qui se seraient livrés, comme à chaque match, à cette manifestation rituelle en mémoire de la finale de Bundesliga 1941 où le Rapid, mené 3-0 par Schalke 04, marqua à la soixante-quinzième minute, avant de l'emporter 4-3 devant des dignitaires nazis médusés de voir ainsi le seul club étranger devenir, grâce à l'Anschluss, champion d'Allemagne, faisant ainsi acte de résistance à l'hégémonie du club phare du IIIe Reich (champion en 1934, 1935, 1937, 1939, 1940 et 1942), et par là un peu aussi aux fastes du régime.
Cette explication, non sans attrait, avec ses fières résonances politiques, passe néanmoins à côté de la profondeur spécifique d'un mouvement rituel de supporters. Profondeur historique, d'abord : ce phénomène, qui a pour nom le *Rapidviertelstunde,* le « quart d'heure du Rapid », est attesté au moins depuis 1919. Profondeur sportive, surtout : ce que les supporters du Rapid appellent, en se levant ainsi, ce n'est pas le souvenir, mais le futur immédiat – celui des quinze dernières minutes restantes du match, celles où le Rapid se réveille, et, par son esprit de combat et son jeu rapide, fait preuve du *Rapidgeist*

(« esprit du Rapid »), propre à renverser les situations compromises. Comme en finale du championnat d'Autriche de 1921, où, mené 5-1 à la pause devant le Wiener AC, et encore 5-3 avant le début du dernier quart d'heure, le Rapid finit le match en marquant quatre buts. Comme en finale de Coupe d'Allemagne contre Francfort, en 1939, où, mené 1-0 avant le fameux quart d'heure, le Rapid marque trois buts. Souvenirs de finales : rarement le Rapid manqua, dans les grandes occasions, ce rendez-vous avec lui-même – excepté, pour l'époque récente, cette stérile finale de Coupe des coupes 1996 contre le PSG. Le corps des supporters ne s'anime donc pas du souvenir d'une anecdote, fût-elle vertueuse : il puise ses mouvements dans l'immémorial de l'esprit et se fonde sur une visée immédiatement pratique. Il entend, par l'accomplissement du rite, provoquer un événement ; telle une modern dance de la pluie un soudain déluge de buts.

MON GESTE À MOI QUE JE ME LE RAPPELLE

RÉSUMÉ DES ÉPISODES PRÉCÉDENTS : LES SPORTIFS RECYCLENT DES GESTES IMMÉMORIAUX (GÉNÉRIQUES), LES TORDENT POUR LES BESOINS DU JEU (TRANSVERSAUX), PUIS EN INVENTENT À L'USAGE DE LEUR SEULE MAISON (SPÉCIFIQUES) JUSQU'À FAIRE CORPS AVEC EUX ET Y ASSOCIER LEUR PATRONYME (HOMMES FAITS GESTES, ONCE UPON UN GESTE). RESTE UNE DERNIÈRE OPÉRATION DE SINGULARISATION DES GESTES : LEUR SAISIE HYPERSUBJECTIVE PAR LE SPECTATEUR. TEL GESTE N'EST PAS ENTRÉ DANS L'HISTOIRE, IL NE DIRA RIEN À PERSONNE, MAIS À MOI IL ME DIT QUELQUE CHOSE, SUR LA PELLICULE DE MA MÉMOIRE IL S'EST IMPRIMÉ À JAMAIS, JALON DÉCISIF DE MON DEVENIR. ICI IL VA ÊTRE QUESTION D'ENFANCE, MAIS PAS SEULEMENT, CAR ON NE FINIT JAMAIS DE DEVENIR, ET QUAND BIEN MÊME ON FATIGUERAIT, QUAND BIEN MÊME ON AURAIT PERDU EN RÉCEPTIVITÉ/ÉMOTIVITÉ, LE SPORT RÉVEILLE DE LOIN EN LOIN LA FACULTÉ D'ENTHOUSIASME – NERF DE L'APPRENTISSAGE.

TIRAGE DE CHEVEUX SOUS LES TROPIQUES

1999. J'ai la dengue hémorragique, infection transmise par un moustique *Aedes*. Organisme à plat. Vidé. La télévision locale retransmet intégralement la Copa America. J'y vois l'entrée tonitruante de Ronaldinho, dont la légende naissante n'est pas encore arrivée en Europe. J'y vois surtout une scène hallucinante. Seuls sur le côté gauche du terrain, un défenseur court un mètre derrière un attaquant qui lui a échappé. Les deux hommes sont chevelus comme il se doit, le défenseur tend alors son bras, plonge sa main dans la chevelure de l'attaquant et tire. Rien à voir avec Crouch qui, sept ans plus tard, lors du mondial allemand et malgré ses 1,98 m, tirera les locks (« nattes », dira J.-P. Pernaut) d'un Australien, camouflé par le pugilat général créé par un corner imminent.

L'arbitre siffle faute évidemment. Ma bouche douloureuse s'ouvre et reste bée devant cette séquence burlesque. Triche. À la vue de tous, et sans se cacher en plus. Entre deux prises de sang afin de vérifier le nombre de plaquettes (si on passe sous les 10 000, c'est transfusion), je n'arrive pas à lui en vouloir. Parce qu'il m'a fait rire, et l'argument n'est pas sportivement irrecevable, mais surtout parce que cet homme, s'il n'a pas respecté les règles, a respecté l'esprit. Si un défenseur se trouve séparé de son but par un attaquant balle au pied, c'est qu'il y a hors-jeu ou que l'attaquant a bien joué, c'est aussi que le défenseur a failli. Le voilà donc qui poursuit son adversaire avec un mètre de retard. Les stries du terrain défilent et l'écart demeure. Je ne l'aurai pas avec mes jambes, il va trop vite. Si je tacle, le temps que je m'écarte de 20 degrés, bascule, incline mon buste et amorce un glissé, l'adversaire sera loin, je risque de lui démolir les chevilles. C'est un Uruguayen me direz vous, ça ne lui fait pas peur. Eh bien non, pas ici. L'homme a des principes. Il est défenseur, c'est la raison de sa présence sur le terrain. S'il veut la balle, c'est pour l'équipe, pas pour laver l'affront de s'être fait embrouiller par l'attaquant. J'ai une tête, des jambes, un buste. J'ai des bras. Si je les étends, je comble l'écart entre moi et la balle. J'en lance un, l'autre me sert encore à la course. Si je saisis son maillot, c'est petit, le maillot peut se déchirer et l'homme continuer, c'est pas show, c'est faute, c'est pas homme à homme, c'est surface de réparation et mesquinerie, c'est métier, c'est Crouch, c'est pas confiance en son corps. L'attaquant m'offre sa chevelure dégoulinant sur sa nuque, c'est un appel, une invitation, c'est par là, go. L'attaquant s'arrête comme si l'on avait appuyé sur stop. Il ne tombe en se roulant sur la pelouse ni ne se précipite vers l'arbitre en lui montrant le trou de son maillot. Il est là, debout, presque immobile, la balle roule toujours. Faute. Ça ne se fait pas. Plaquettes à 15 000. Vigilance.

BERNARD HINAULT TOMBE ET NE ROMPT PAS

Bernard Hinault champion de vélo, c'est un autre temps. Le vélo, même chaque été et le prochain, c'est un temps autre, un ancien temps. Du champion de vélo Hinault me reste une image : une image ne parlant que de lui, champion à terre, cette image, il y brille par absence, il est hors cadre, il est dessous – sous l'amas de corps, roues voilées, cadres et guidons tordus vus d'en haut, depuis l'hélico.
Il y a eu chute, à l'arrivée à Saint-Étienne, dans cette vague latéralement démontée qu'est le sprint du peloton, il y a eu chute et du dégât, Hinault en était nous dit-on, même si c'est invérifiable, hormis encore par

absence : il n'a pas passé l'arrivée, c'est donc qu'il fait partie des pots cassés – il la passera avec quelques minutes de retard, en sang mais sur selle.
J'ai égal souvenir de suivre la course poignante d'Hinault les jours suivants, sans image : les Pyrénées dans le brouillard c'est sans image (hélicoptère interdit de vol), ou alors elle est fixe – persistance rétinienne d'ombres sorties soudainement du coton hydrophile pour s'y renfoncer aussi sec. Et la course du champion ancien temps là-dedans, avec la gueule en charpie et tant de mal à respirer, comme si le vélo et son ancien temps méritaient des champions de temps plus anciens encore, immémoriaux, des brutes, il faut que ce soit inhumain. Passer un col est inhumain, un simple lacet est insoutenable, alors un col, pensez ; passer un col dans la poix du brouillard est pire encore ; passer un col des Pyrénées, dans le brouillard et une bruine épaisse, avec le nez en sang et la cicatrisation qui ne veut pas se faire, et des ecchymoses bleuies encore par le froid, le corps dit merde à son propriétaire ; lequel persiste, monte tous les cols et, pire, les descend une fois en haut – c'était bien la peine.
Descendre le col, c'est-à-dire non pas relever l'échine puis respirer, soulagé, voire mettre pied à terre avant de s'enfiler en roue libre la descente à suivre qui ne brûlera pas les muscles, mais continuer de pédaler, lever les mains du guidon pour se saisir de prospectus pliés, à fourrer sous le maillot, petite laine rustique ancien temps, pour supporter un peu moins mal la descente à 80 kilomètres à l'heure (une rafale glacée insoutenable), avant de s'enrouler aérodynamique sur la machine. Manque un cache-nez, qu'on imagine ancien temps, pareil, en carton ou vieux Scotch, mais pour cacher quoi chez Hinault ? : son nez, depuis cette chute, c'est une croûte, une béance encroûtée, l'air passe dedans et le froid brûle, brûle

les croûtes dedans, dehors, mais il faut garder l'œil ouvert pour voir les lacets qui s'enchaînent toutes les trois ou quatre secondes.
Et ça résiste, le cul ne quittera pas la selle, on sait qu'il ira au bout, de cette descente et de la montée qui forcément suit, au bout de cette étape, qu'il montera puis descendra tous les cols à monter et descendre, ce jour-là et les suivants, on le sait puisqu'il le gagne, au bout, ce Tour de France 1985.

MA BASCULE

« Racontez-moi.
- C'était en 95. Août, les vacances. Il faisait chaud. Je lézardais devant la télé. Athlétisme, championnats du monde, Göteborg. La journée du triple saut.
- Vous aimez le triple saut ?
- Non, justement. Le favori était anglais – je l'avais lu dans *L'Équipe* –, il ressemblait à rien, limite gringalet, poivre et sel, palot, et bigot en plus. Bref, il avait battu le record du monde trois semaines avant, pas d'adversaire à sa taille, aucun suspense.
- Vous regardiez quand même ?
- Rien d'autre à foutre… ça a pas fait un pli, le mec saute, bat encore le record du monde, bondit comme un cabri cocaïné, le public piaille, les commentateurs beuglent… Je m'endors.
- Bien sûr.
- Le type revient, deuxième essai. Il prend son élan, court, saute. Et c'est là… c'est là que tout bascule.
- « Bascule » ?
- Oui, basculer : passer brusquement d'un état à un autre de façon irréversible… Ce truc en moi. Envie de battre des mains, petits frissons, presque une boule dans la gorge.
- Dans la gorge ?

- Ben oui… Merde, je le connais pas ce mec, je m'en fous, je sais pas qui c'est, et je suis là tout retourné, tout remué. C'est ridicule !
- Décrivez-moi le saut.
- Il court bien, mais pas si vite, il saute, trois fois, mais pas très haut, il prend une bonne impulsion, mais pas très forte. Mais il atterrit loin, très loin. Coordination idéale, vous voyez ? Harmonie de l'enchaînement, Perfection l'air de rien ! « L'air de rien », c'est ça ! Le Goéland, surnom idiot, ce n'est pas un oiseau, il s'envole pas ; juste au-dessus du sol, un rien ! Un rien qui change tout !
- Poursuivez.
- Surtout, après, quand il se relève… lentement, pas comme la première fois. Il lève les bras, comme pour donner l'accolade à tout le stade ; une joie calme, sereine, un grand sourire humble, oui, humble, l'air heureux comme tout, on a envie d'être son pote, de lui taper sur l'épaule, de lui offrir une bière… parce que c'est chouette, que c'est une belle journée d'été, vous comprenez ?
- Oui…

- Je m'y attendais pas ! Je pouvais pas… personne pouvait ! Comme s'il avait ouvert une brèche, et tous emportés de l'autre côté, un monde parallèle, un truc de SF idiot, vous voyez ?
- Pas très bien…
- Quand, au bas d'une page, vous prend soudain aux tripes cette phrase d'un roman feuilleté en bâillant ? Quand vous marque au fer rouge ce plan d'un film regardé distraitement ? vous pigez, hein ?
- Je…
- Ici, puis là ! Il suffisait de vouloir ! Même pas ! de faire ! Il avait une foule, il y a un peuple ! un petit geste ! un rien ! Un rien je vous dis !
- Vous…
- Une fille qui se retourne !… Je la connais depuis une vie, je la vois même plus, mais sous ce profil, dis donc ! Sous ce profil ! J'avais jamais vu qu'elle était si jolie… Tiens, elle me sourit… ça change tout… le sang dans mes veines… En quelle langue… putain ! C'est ça ! Le saut ! Les 18,29 ! Tout bascule !… Je suis fatigué…
- Détendez-vous… Il s'appelait ?
- Edwards, Jonathan Edwards. »

LE TIC DE ROSCOE TANNER

J'ai dix ans, je vais à l'école et je n'aime pas Borg. La raison ? Aucune. J'ai beau arguer de ce que son jeu lifté est défensif, me faire croire à moi-même que je résiste ainsi à toute forme d'hégémonie (alors qu'à la même époque je ne verrai aucun inconvénient à ce que mon idole Hinault enquille trente-quatre Tours de France), il n'y a aucune raison objective à cet anathème, sorte de décret pur propre au nazillon qu'est tout enfant. Björn, je n'aime pas sa gueule, et voilà. Par extension du domaine de ma haine, je révère tout

ce qui s'oppose au frigidaire suédois. Si une chaise battait Borg en finale de Roland-Garros, je l'épouserais. Et il m'arrive d'embrasser goulûment un feu rouge qui un temps a freiné la course d'un taxi dans lequel se trouve la tapette blonde avec son bandeau à la con. C'est par ces impénétrables voies du fanatisme que j'en viens à adorer un joueur qui sans cela n'aurait pas attiré mon attention, malgré sa victoire à l'Open d'Australie en 1977. Il s'appelle Roscoe Tanner, et présente le mérite absolu de se dresser contre le frigide suédois en finale de Wimbledon 1979. Je n'ai plus d'yeux que pour lui, remets le destin de mon humeur des trois semaines à venir entre ses mains, entre ses services de canonnier, entre ses montées au filet d'attaquant que la terre battue fait hiberner et l'été herbeux renaître.
Poursuivant sur le parcours fléché de l'adorateur, j'en viens à imiter sa majesté Roscoe, et plus particulièrement son tic, reproduit invariablement avant chaque service et entre les deux balles. Tic en deux temps : 1. coup de coude sec vers le haut et dans le vide, comme pour remonter le polo qui aurait découvert une épaule ; 2. la main opposée s'occupe de remonter le polo sur l'épaule. Aucun intérêt particulier à ce geste, aucune nécessité. Un tic, quoi. Que je reproduis à mon tour à satiété devant la télé. Puis à table, et ma mère me dit qu'est-ce qui te prend ? Puis à l'école, sous le préau où nous jouons au foot après la cantine, et dans la classe entre deux exercices de Bled. Un jour, l'instituteur, M. Charles, qu'on appelle maître (mais mon vrai maître est ailleurs, il est américain et sert comme une brute), me tient planté au tableau deux heures pendant qu'on lit phrase par phrase une rédaction de mon cru. Pendant deux heures, je profite de cette exposition pour faire voir mon tic, le faire voir notamment à Léna, qui est au premier rang de la salle et de mes préoccupations

érotiques. Pour moi pas de doute : avoir un tic comme ça, c'est la classe, comme mâcher un chewing-gum et avoir une gourmette.
Roscoe Tanner s'est incliné en cinq sets (6/7 6/1 3/6 6/3 6/4) et ne battra Borg que l'année suivante en quarts de Flushing Meadows, mais peu importe, il survit en moi, il survit en ce tic que je dispense à qui veut le voir – et survivra encore quelques semaines, jusqu'à ce qu'un autre geste aperçu dans la lucarne me transmette une autre MST, mythomanie sportivement transmissible.

L'INDEX DE PIETRO MENNEA

L'enfance n'argumente pas, l'enfance est dogmatique comme un kapo, l'enfance ne rend des comptes qu'à ses affects impensés. Les jugements de l'enfance ont la sécheresse de décrets arbitraires. J'ai neuf ans, je ne connais de l'athlétisme qu'un pataquès d'images fascinantes engrangées les soirs de meetings estivaux et télévisés, et parmi les types en short qui sautent, courent et lancent dans le stade, j'ai élu entre tous le sprinter Mennea – l'enfance est monarchiste, l'enfance est prédémocratique.
Pourquoi lui ? Peut-être parce que Pietro Paolo Mennea est italien, et que coule déjà dans mes veines une prédilection pour les citoyens de la Botte qui n'accédera à la conscience que bien plus tard (Mundial 1994, la squadra universellement honnie de Baresi). Peut-être parce que j'aime bien le 200 mètres, les corps penchés comme des motards dans le virage (d'untel on dit qu'il a « très bien viré », ça me plaît). Peut-être parce qu'il gagne souvent, champion d'Europe puis olympique, donc, en cet été 1980 – ultralibérale, l'enfance aime les vainqueurs.
Peut-être surtout à cause du doigt. L'index vainqueur

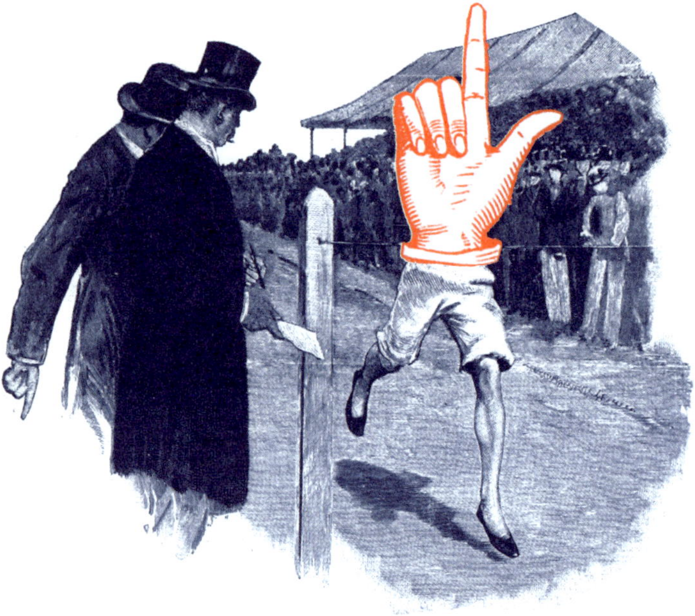

qu'il tend sitôt passée la ligne d'arrivée, et qui hérisse sa course de décélération sur au moins cinquante mètres. Il y en a, c'est un V (assez rarement, trop académique), d'autres un bras, d'autres les deux, d'autres rien. Mennea c'est l'index, relevé à hauteur de son visage énervant de Rital, encore tendu comme si la joie le constipait. À chaque but marqué sous le préau de mon année de CM1, j'adopterai ce signe. Car c'est un signe, un message. Cet index discourt. Il dit, regardez, c'est moi qui ai gagné. Regardez, c'est bien moi qu'est le meilleur. Il dit, que ceux qui soupçonnent mon record du monde resté imbattu pendant dix-sept ans d'avoir profité des largesses de l'altitude de Mexico (c'était en 1978, un 19" 73 martien) n'ont plus qu'à fermer leur gueule.

Il dit enfin : regardez-moi bien, je suis un homme blanc. Champion olympique de sprint et blanc, les deux à la fois, si si. Regardez-moi bien parce que c'est vraiment la dernière fois. Bientôt la fin de la guerre froide ne permettra plus le boycott d'un bloc par l'autre, ne permettra plus de ferrailler tranquille entre nous sans les Noirs Américains, comme à Moscou justement. Bientôt les gens de ma race seront condamnés aux galères du demi-fond et du fond, et même là ils n'auront droit qu'aux recoins les plus pourris de la soute. Regardez bien ce doigt blanc : il est le haut du mât d'un navire européen que le troisième millénaire va achever de couler.

L'ARRACHAGE DE BANDE DE JEAN-PIERRE RIVES

Un moment de sport inoublié, et donc une image, puisque le sport nous est venu à 95 % à travers le filtre cathodique – Séville, coupe Davis 1991, victoire contre les Blacks en 1999 : l'histoire de France récente s'écrit à la télé. Une image précise comme un trauma, même si je ne sais pas bien la situer dans le temps, 1980, ou peut-être 1981. À l'époque, en tout cas, les Springboks sont d'autant plus mythiques d'être boycottés au titre d'équipe nationale sud-africaine. Enfin, incomplètement boycottés, comme le prouve cette tournée de l'équipe de France au pays des racistes, tournée qui sans doute a fait débat, et gageons que le président de la fédé, Albert Ferrasse, aura su trouver les mots pour s'autoriser de l'universelle confraternité du sport qui élève ses praticiens au-dessus de tous les clivages, bla-bla. Bref, un parfum de lointain panaché d'interdit et d'effroi entoure ce match. Petits Français loin de leurs chaumières du Sud-Ouest, retenus en otages par l'ogre facho.

Heureusement qu'on a Jean-Pierre Rives pour porter haut nos couleurs et protéger ceux que notre barde Roger Couderc appelle alors « les petits ».
Or, à l'heure qu'il est, Casque d'or pisse le sang au sortir d'une mêlée aussi ouverte que barbare. Les Boks sont des brutes, on me l'a assez dit, mais maintenant mes yeux de neuf-dix ans en prennent la mesure. Un soigneur accourt qui enturbanne notre capitaine de bande Velpeau. Mais voilà que le blessé sort de ses gonds, déroge à l'admirable placidité avec laquelle les mastards du rugby supportent d'ordinaire qu'on leur recouse à vif une arcade ou qu'on leur remette en place d'un coup sec une clavicule déboîtée. Rives s'agite, rue comme un cheval, s'éloigne de l'arbitre et du soigneur, commence à marcher vers le banc inexplicablement, et puis surtout, nous y sommes, s'arrache la bande Velpeau en un geste sommaire et cafouilleux, c'est n'importe quoi, qu'est-ce qu'il fait, pas lui quand même, pas notre plaqueur infatigable. Capitaine courage est devenu Capitaine fracassé. Et alors ma mère, toujours fidèle au poste (un Thomson) quand il y a rugby à la télé, donne la clé de cette bizarrerie : « Complètement groggy, Rives ! » Et mon père confirme, toujours fidèle au poste (un Thomson) quand il y a rugby à la télé : « complètement K-O. » Je n'ose y croire et pourtant c'est vrai : sonné par un tampon Boks, Rives a tourné maboul et ne ratterrira qu'aux vestiaires.
Première fois que je vois un homme dans cet état. C'est tout aussi mémorable qu'un fait vrai, je veux dire tout aussi marquant qu'un fait qui ne soit pas occasionné par le dispositif artificiel d'une rencontre sportive. Or précisément, la persistance de ce souvenir, autant que la nuit hantée qui suivit, prouvent que le faux du sport n'est pas moins vrai que le vrai, n'est pas moins réel que le réel, et même tient lieu de réel aux enfants de la modernité virtuelle et domes-

tique dont je suis. Tient lieu d'instance initiatrice à nous autres petits mâles privés de guerre, puis de service militaire, puis même de courses de Mobylettes.

CANTONA ET MOI

Sans avoir jamais été bon au football, j'ai pourtant pris l'habitude de jouer dans un parc de la ville avec mes amis durant l'intégralité du printemps et de l'été. On me dit souvent qu'il faudrait que je lève la tête lorsque j'ai la balle mais je crois tout simplement que je suis maladroit, plutôt très maladroit même.

Un jour, j'ai fait un truc incroyable. Alors que d'habitude, je reste en défense, sur le côté, pour simplement gêner l'adversaire et tenter de lui piquer la balle au moment où il tenterait le geste de trop, j'ai demandé le ballon et j'ai frappé en regardant loin devant moi. J'ai alors réussi une transversale d'école. Un attaquant a contrôlé et puis il s'est avancé vers le gardien et l'a battu.

Chacune des semaines qui ont suivi, j'ai tenté de reproduire cette fameuse transversale. L'idée était de faire décoller la balle, de frapper fort et d'appliquer un léger effet « brossé ». Peine perdue. J'ai dévissé dans tous les sens, perdu l'équilibre en plaçant mal ma jambe d'appui, shooté à côté du ballon. Jamais je n'ai réussi à réitérer cet exploit, accompli dans l'insouciance d'une maladresse insoumise aux canons techniques.

En regardant les joueurs professionnels à la télévision – et en particulier les Anglais, grands spécialistes de la transversale –, j'ai compris qu'il fallait mettre dans ce geste une inclinaison, une oblicité que mon corps, trop longiligne et filandreux, était incapable de produire. C'est presque une chute qui est à l'origine d'une telle frappe, un basculement en arrière qui fait penser aux lanceurs de javelot, un trébuchement contrôlé. Il faut être une sorte d'équilibriste : regarder de biais, au loin, et jouer le jeu de cet angle aigu que l'on formera avec le sol. S'en amuser. Peu de joueurs géniaux savent produire des gestes fabuleux sans jouer les contorsionnistes. Un soir de Ligue des champions, je vois Cantona réussir une passe d'anthologie avec Manchester United : le ballon longe la ligne de touche sans jamais sortir, pour être finalement contrôlé par le destinataire qui offre ensuite le but à son passeur piqué au centre entre-temps. Du début de l'action jusqu'au saut de joie d'avoir marqué, Cantona est resté droit comme un piquet, avec cette stature si particulière qui fait son style. D'autres que lui auraient courbé l'échine, pour l'aérodynamique ou parce qu'ils n'avaient plus le souci de leur enveloppe devant le geste à effectuer. Mais Cantona ne plie pas, y compris dans ce moment de furie où il éclate la tête du supporter qui a insulté sa maman. Les photographies montrent une jambe tendue comme une corde d'arc qui rentre comme un bélier

moyenâgeux dans la tronche du fâcheux. Ma seule consolation devant mon impuissance à effectuer une transversale fut celle-ci : comme le King, je ne sais pas jouer sur le déséquilibre. Je ne sais que me tendre, ce qui, ajouté à la maladresse congénitale, réduit au minimum le panel de mes gestes techniques. Alors, comme le piquet que je suis, comme une tour d'échecs un peu imbécile, je continue à gêner mes adversaires, en essayant le plus possible de ne pas regarder mes pieds.

LE DERNIER REVERS DE CONNORS

La vie du sportif de haut niveau tourne fatalement à la succession de petites morts. Personne n'échappe à la règle. Soyez le meilleur, dominez tous vos adversaires, vous finirez toujours par perdre. Vieilli, usé, les défaites deviendront la règle jusqu'à ce que vous ayez la décence d'aller rouiller ailleurs.

Lorsque Jimmy Connors entre sur le court central de Rolland-Garros face à Michael Chang pour le troisième tour de l'édition 1991, il n'est plus depuis longtemps le joueur qui a dominé le tennis mondial. Âgé de trente-neuf ans, il est classé au-delà de la centième place mondiale. L'homme est plus respecté que jamais. Le joueur a déjà un pied dans la tombe.

Opéré du poignet à trente-huit ans, on le croyait perdu pour le tennis. Il n'avait pu reprendre une raquette que deux mois avant le premier tour de Roland-Garros. Son exploit, il l'avait réalisé au tour précédent. Aux spectateurs qui avaient décidé de rester dans les gradins du court central en dépit de la finale de Coupe des champions qui se jouait entre l'OM et l'Étoile rouge de Belgrade, il avait offert un numéro hallucinant : mené deux sets à zéro face à Ronald Agenor, il avait fini par l'emporter.

Lorsque le match commence, Jimmy Connors puise déjà dans ses réserves. Après un premier set arraché 6-4, il perd le suivant 7-5. Au troisième, Chang prend nettement le dessus et l'emporte 6-2. Connors est physiquement à bout. Les crampes le tiraillent, son visage est bouffi par la douleur, chaque mouvement est une torture : un succès en cinq sets est physiquement impossible. Dans quelques minutes, le public parisien dira adieu à l'un des plus grands joueurs de tous les temps.
C'est dans cet espace tragique que Jimmy Connors a donné le spectacle de sport le plus sublime qu'il m'ait été donné de vivre. J'avais quinze ans. L'esthétique de la défaite m'était parfaitement inconnue. Les larmes de Basile Boli, l'avant-veille, m'avaient convaincu que seule la victoire est belle. Je voyais ce joueur sans âge se débattre contre la mort. Je voyais Michael Chang en torero égaré, sans cape ni poignard, soudain incapable d'achever le vieil animal qu'il avait si longtemps maîtrisé. Entre deux massages du kiné, Connors ne rate plus rien. Il ferme les yeux avant de frapper ses balles. Il hurle à chaque coup, comme le soldat de cinéma mord un morceau de bois pour supporter la douleur de l'amputation.
Et ça marche. Connors arrache le quatrième set. Deux manches partout. Égalité parfaite. Le stade hurle. Moi aussi. Jimmy titube. Premier point du cinquième set. Service Connors. Retour petit bras de Chang. Attaque de revers à deux mains le long de la ligne. Chang est débordé. Connors marque le premier point du cinquième set. Ce sera le dernier point du match. Un regard vers l'arbitre, un éclat de rire, un signe de la main : Jimmy Connors décide d'abandonner. Mené deux set à un, il sait qu'il ne terminera pas le match. Il est allé au-delà de lui-même, a supporté l'insupportable pour le simple plaisir de perdre le match en prenant l'avantage. Chang vient lui serrer la main,

tête basse, vainqueur et pourtant vaincu. Ce soir, le héros est un perdant.
J'apprenais à vivre avec cette idée entêtante et encombrante que la plus sublime des défaites sera toujours plus belle que la plus belle des victoires. J'étais devenu adulte.

L'ENFANCE DES GESTES

Quand on est gamin et qu'on découvre l'athlétisme à la télévision, on commence par souffrir de voir qu'on pourrait faire mieux. Je me souviens très bien que les lanceurs de poids étaient pour moi des imposteurs, des acteurs outranciers, des catcheurs. Qu'est-ce que c'était que ces types qui se frottaient une boule dans le cou, les jambes fléchies, le cul en arrière, qui pivotaient sur leur jambe gauche, bras gauche tendu, corps penché, jambe droite balancée à l'extérieur, tel un footballeur-toupie sur le point de marquer, et dépliaient leur bras droit d'un coup sec en prenant garde (attention, c'est chaud) de ne pas poser le pied sur le madrier ? C'était quoi tout ce cinéma ?
Vierge de toute pratique, le cerveau de l'enfant s'imaginait pouvoir lancer le projectile au moins aussi loin sans tout ce tralala. Il aurait par exemple tendu son bras vers l'arrière, le poids reposant au creux de la main, il l'aurait catapulté telle une grenade ou tout simplement une pierre. On oublie trop souvent que les enfants sont moyenâgeux dans leur tête. Ainsi, spontanément, j'imaginais un lancer de pierre quand les progrès de l'artillerie au XIXe siècle avaient décidé du poids de la boule (16 livres) et précipité la formalisation du geste dans le but de donner naissance à des performances calculables. Ma mémoire ne remontant pas si près, j'ignorais que le poids avait été lancé pour la première fois à partir de l'épaule

en 1865. J'ignorais encore plus les innovations de l'Américain Parry O'Brien et son départ de dos dans les années 50, ou celles de l'Américain Oldfield et du Soviétique Barychnikov qui mirent au point la technique du lancer de poids en rotation en 1972 (voir Le lancer de poids).

Mes premières tentatives réelles à l'école n'invalidèrent pas complètement cette impression d'imposture. Elles me mirent à l'écart du groupe. J'étais dangereux pour les autres et pour moi-même. La performance était nécessairement sécurisée. Le geste devait être à lui-même sa propre assurance. Au même titre que la performance, le risque était quantifié. Le réaliser impliquait une participation loyale au système démocratique. Couler son corps dans les techniques existantes revenait à couler sa vie dans la collectivité. À mesure que l'on grandit, l'amour des gestes aussi. Amour de la vie en société, amour de la politique.

Le rêve de l'enfant était un rêve tout seul. Un rêve anarchiste. Un rêve d'agilité absolue. Le geste parfait existait dans sa tête. Il aurait pu y rester à moins de ne pas bouger, à moins d'aucune impression neuronale. La confrontation au réel avait eu progressivement

raison de ses prétentions. Mais comment rester fidèle à ses rêves ? Par la trace que laissaient en lui les exploits de ceux dont les gestes retrouvaient l'agilité des rêves justement. Et aussi par celles de sports nouveaux, les sports de glisse, les sports extrêmes qui s'inventaient aux marges, qui inventaient des techniques nouvelles, des virtuosités inédites, infiltrations urbaines ou exfiltrations en totale nature.

Loin des codes hérités de la tradition militaire (lancer du poids), les sports extrêmes inventaient pacifiquement des postures libératrices, des modes d'être, des styles qui devinrent peu à peu des pratiques codifiées qui tentaient de fuir et recouvrir leurs codifications par des révolutions permanentes individuelles et des hybridations successives. Les disciplines proliféraient comme les désirs.

Finalement les sports nouveaux étaient comme l'inlassable protestation du gamin qui s'imaginait réinventer la pratique du lancer de poids. Derrière la multiplication des gestes : une impatience. La reconduction d'une déception. Par accélération de la codification et de son abandon, le mouvement parfait n'en finissait pas de s'échapper, de se diluer dans les ressemblances et les avatars.

Comment être fidèle à ses rêves? se demandait-on en vieillissant. Autrement dit, comment être fidèle à l'infime moment, au déplacement subtil, à l'écart à l'intérieur du mouvement qu'on appelait geste. À cette trouée au milieu de l'ennui des répétitions ? En apprenant à s'amuser des doigts talqués du lanceur autour de la boule, de la pointe de sa chaussure à proximité du cercle, du losange de ses jambes arquées et de la pointe de son coude dressé. Ainsi on oubliait le mouvement, sa maturité, on redevenait l'enfant à l'affût des merveilles minuscules saupoudrées par les corps au travail.

LES GESTOLOGUES

FRANÇOIS BÉGAUDEAU publie chez Verticales et parfois ailleurs. Il est citadin et pressenti pour remplacer Raymond Domenech à la tête de l'équipe de France. [Sauter ; Tirer ; Frapper ; Courir (Se mettre à) ; Le dribble ; L'extérieur du pied ; L'alimentation du cycliste ; La panenka ; L'index de Pietro Mennea ; Le tic de Roscoe Tanner ; L'arrachage de bande de Jean-Pierre Rives ; La pichenette.]

XAVIER DE LA PORTE produit et fabrique une émission sur le sport pour France Culture. Il est l'auteur d'un essai co-écrit avec Jade Lindgaard (*Le B.A. BA du BHL*, aux Éditions La Découverte) et d'une variation sur la création du football (*La Controverse pied/main : hypothèses sur l'histoire du football*, aux Éditions Ere). [Courir ; Appel de balle (Faire un) ; Contre-pied (Être pris à).]

ARNAUD BERTINA a publié des romans chez Actes Sud et aux Éditions Verticales. Il est aussi l'auteur d'un texte sur Johnny Cash aux Éditions Naïve (*J'ai appris à ne pas rire du diable*). [Le crochet ; Le bras victorieux ; Le presque serrage de poignet (aïkido) ; Le pied qu'on tape en servant ; Le home run vu à travers Don DeLillo ; Le cri des tennis-women.]

GUÉNAEL BOUTOUILLET s'occupe d'écriture et de lecture au Grand R, à La Roche sur Yon. Il remue en collectif sur Internet (http://remue.net). Athlète lent, comme tous les endurants, il a assisté plus de trente fois à la demi-finale France-Allemagne de 1982 au stade Sanchez-Pizjuan de Séville. [Mano de Dios, la main de Dieu, Maradona ; Bernard Hinault tombe et ne rompt pas ; L'expression de la joie au foot.]

NATHALIE BUREL est enseignante et a publié deux recueils de nouvelles : *La vie ne sera plus pareille* (Éditions Perséides, 2004) ; *Je suis un phasme* (Éditions Perséides, 2005), et un roman, *Les Cibles disponibles* (Éditions Perséides, 2006). [Immobilité ; Cravacher ; L'arconada ; Le poing levé de Mexico ; Le tacle ; La cuillère de Michael Chang.]

GWEN DAVID a trente-cinq ans et de vagues études de maths loin derrière lui. Pratique le graphisme en amateur. Aime en particulier le football et les tacles de Mario Yepes. [Chuter ; Le lancer du javelot ; Le step ; Le planter du bâton ; La papinade ; Tirage de cheveux sous les tropiques.]

MAYLIS DE KERANGAL est forte en plongeon. Elle a pratiqué l'escrime, la gymnastique et le tennis mais aujourd'hui rien, sinon sept étages à pied deux fois par jour, soit cent-soixante-douze marches. Auteur aux Éditions Verticales et chez Naïve. Elle est éditrice de livres pour la jeunesse (Le Baron perché). [L'amortie, nom masculin ; Le lancer de poids ; La fente ; Le triple-saut ; Le fosbury ; Le saut de l'ange de Nadia Comaneci.]

ALEXANDRE GAMELIN est journaliste. Il tente de se remettre au sport depuis qu'il tente d'arrêter de fumer. [Le lancer de balle ; Le passage de relais au 4 x 100 mètres ; Le dernier revers de Connors ; La simbade.]

MATHIEU LARNAUDIE est ancien demi de mêlée et demi d'ouverture. Il est aussi l'auteur d'*Habitations simultanées* (Farrago/Léo Scheer, 2002) et de *Pôle de résidence momentanée* (Les petits matins/Les grands soirs, 2007). Il vit et travaille à Paris. Il codirige les éditions et la revue *Inculte*. [La chistera, nom féminin ; La feinte ; Le balayage au curling ; La passe sautée ; Le pas de l'oie de David Campese ; Le triple-crochet de Phil Bennett ; Le coup du scorpion de René Higuita.]

ARNAUD MACÉ enseigne la philosophie à l'université de Franche-Comté et fréquente les tribunes du Parc des Princes. [Le vol plané ; La frappe de bourrin ; Batting stroke ou batting shot ; Le Discobole de Myron ; Un geste collectif : le *Rapidviertelstunde*.]

RENAUD PASQUIER est enseignant-chercheur en littérature française. Après Bologne et Saint-Denis, il travaille aujourd'hui à Bari. Il est membre du comité de rédaction de *Labyrinthe*, « revue de recherches et d'expérimentations ». [Le lob ; Le smash au tennis ; La passe aveugle (basket) ; Drapeau à damier (Secouage du) ; Le revers d'Edberg ; Ma bascule.]

MATTHIEU REMY est enseignant. Il collabore régulièrement à la rubrique télévision du magazine *Les Inrockuptibles*. [Épauler ; La chute de judo ; Le service alambiqué (tennis de table) ; Le cœur de Kuerten ; Cantona et moi ; Le clin d'œil de Manaudou.]

JOY SORMAN est née en 1973. Elle a publié deux livres aux Éditions Gallimard, *Boys, boys, boys* et *Du bruit*. [Le virage en natation ; La position de vitesse du cycliste ; Le dérapage à ski ; Le short relevé de Barthez au moment du penalty ; Le tap tap à l'arrière de la chaussure de tennis ; Le sautillement au tennis.]

XAVIER TRESVAUX écrit des romans encore non publiés à ce jour. Il est veilleur de nuit pour gagner sa vie. [Lancer ; Le mouchage avec les doigts ; La touche au rugby ; Le ollie ; Le plaquage ; Le moteur Manaudou ; L'enfance des gestes.]

CRÉDITS PHOTOGRAPHIQUES

©Fotolia : 32, 41, 124, 142, 165.